小学校

国語

タイプ診断で見つける

授業技術大事典

中野裕己［編著］　国語授業"熱"の会・新潟支部［著］

明治図書

はじめに

本書を手に取ってくださった先生方に、まずは本書のコンセプトをお伝えしたいと思います。

『よい国語授業』をできるようにするのではなく、
『自分の国語授業』をよりよくする。

つまり、本書は、ある『よい国語授業』のための授業技術を伝達する本ではありません。『あなたの授業』をよりよくするために、必要な授業技術を見つけていただくことを大切にしています。**その先生らしい授業によって、その子供たちらしい学びが展開する国語教室**を、理想としているからです。そのためには、『よい国語授業』を固定するのではなく、「『自分の国語授業』はどのような授業なのか」を問い続け、自分に必要な授業技術を身に付ける必要があります。

そこで、本書を次のように活用していただきたいと思います。

「『自分の国語授業』って、どういう授業だろう」と感じている方は、まずは「授業タイプ診断」を試してみてください。質問項目に回答することで、「自分の国語授業」の傾向と、必要な授業技術が分かります。その上で、あなたにとって必要な章の授業技術をお読みください。

『自分の国語授業』がある程度イメージできている方は、目次のタイトルを俯瞰してみてください。そして、ピンときたタイトルの章に書かれている授業技術をお読みください。

本書をうまくお使いいただくことで、『自分の国語授業』を確かに充実させることができるはずです。

２０２４年７月

中野　裕己

CONTENTS

教材に没入させる授業技術

学びを連続させる授業技術

子供の問いで展開する授業技術

学ぶ必然性を生む授業技術

自己決定を促す授業技術

子供の思いを引き出す授業技術

全員参加を実現する授業技術

対話・協働を促す授業技術

あなたにぴったりの
技術を見つけるための

授業タイプ診断

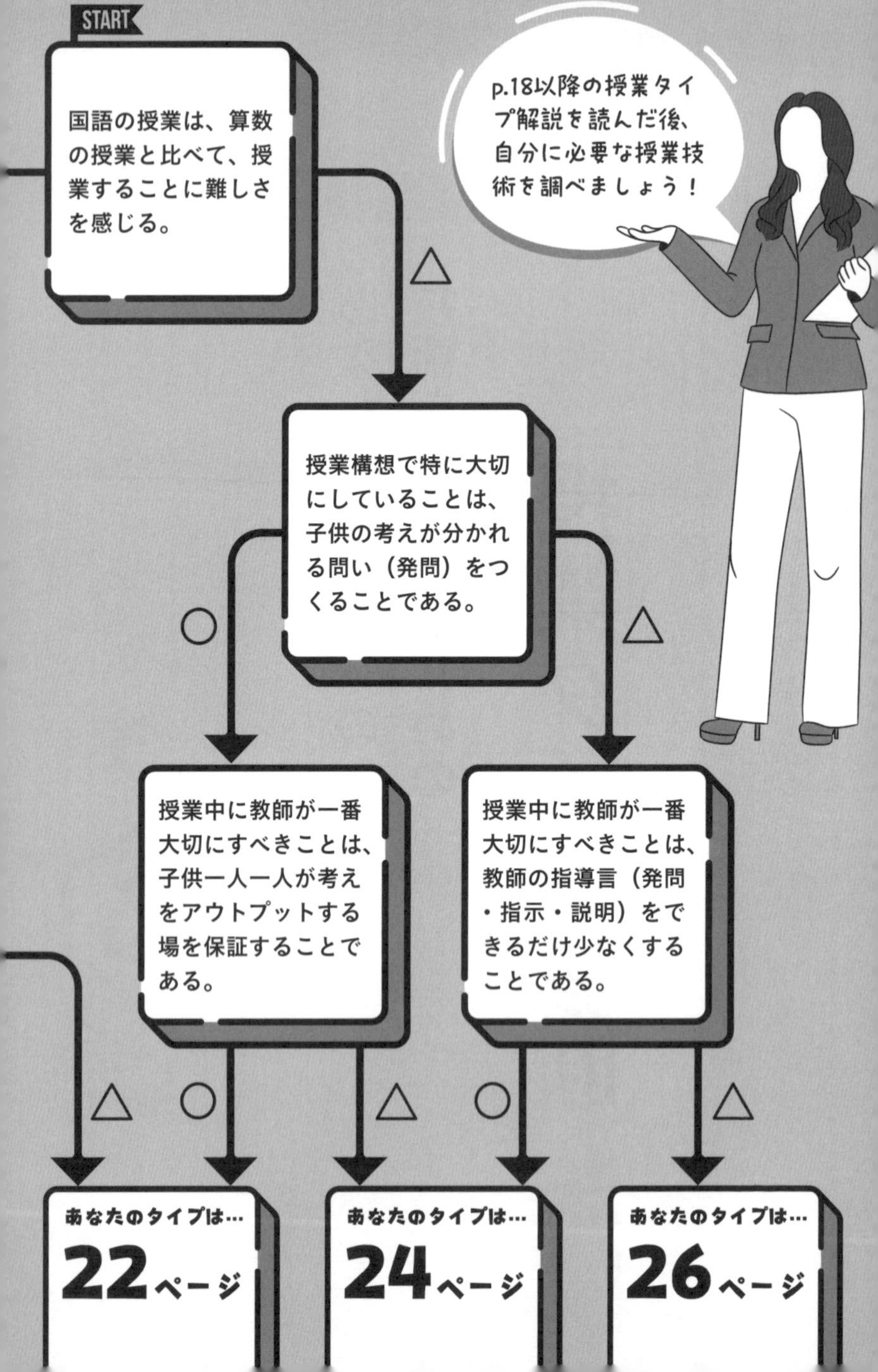
START
国語の授業は、算数の授業と比べて、授業することに難しさを感じる。
p.18以降の授業タイプ解説を読んだ後、自分に必要な授業技術を調べましょう！
△
授業構想で特に大切にしていることは、子供の考えが分かれる問い（発問）をつくることである。
○
△
授業中に教師が一番大切にすべきことは、子供一人一人が考えをアウトプットする場を保証することである。

授業中に教師が一番大切にすべきことは、教師の指導言（発問・指示・説明）をできるだけ少なくすることである。
△
○
△
○
△
あなたのタイプは…
22ページ
あなたのタイプは…
24ページ
あなたのタイプは…
26ページ

あなたの

授業タイプ診断チャート

○ 共感する

△ 共感するとは言えない

授業構想で特に大切にしていることは、「めあて（課題）」と「まとめ」を考えることである。

○

授業中に教師が一番大切にすべきことは、子供の発言や、発言と発言の関係を板書で可視化することである。

△

授業中に教師が一番大切にすべきことは、一人一人がやるべきことに取り組めるように支援することである。

○

あなたのタイプは…

18ページ

△

あなたのタイプは…

20ページ

○

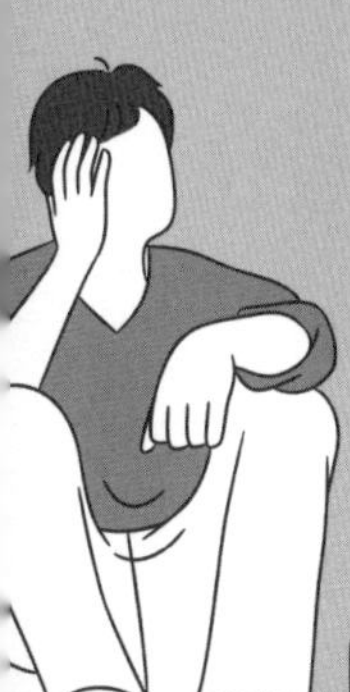

説の見方

〇〇タイプ

「授業タイプ診断チャート」にて
診断した授業タイプです。

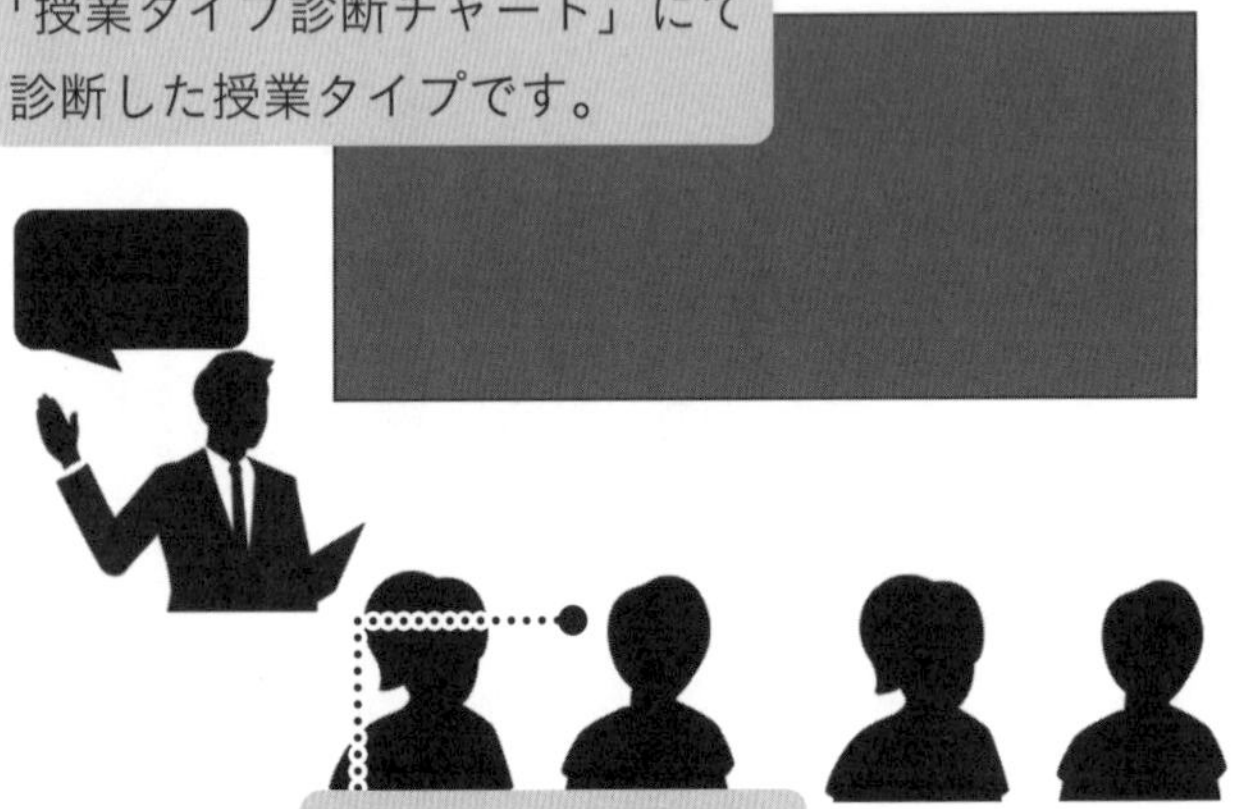

授業タイプに応じた
イメージです。

授業タイプの解説です。
その授業タイプでは、具体的にどのような
授業の様相が表れるかを述べます。

授業タイプ解

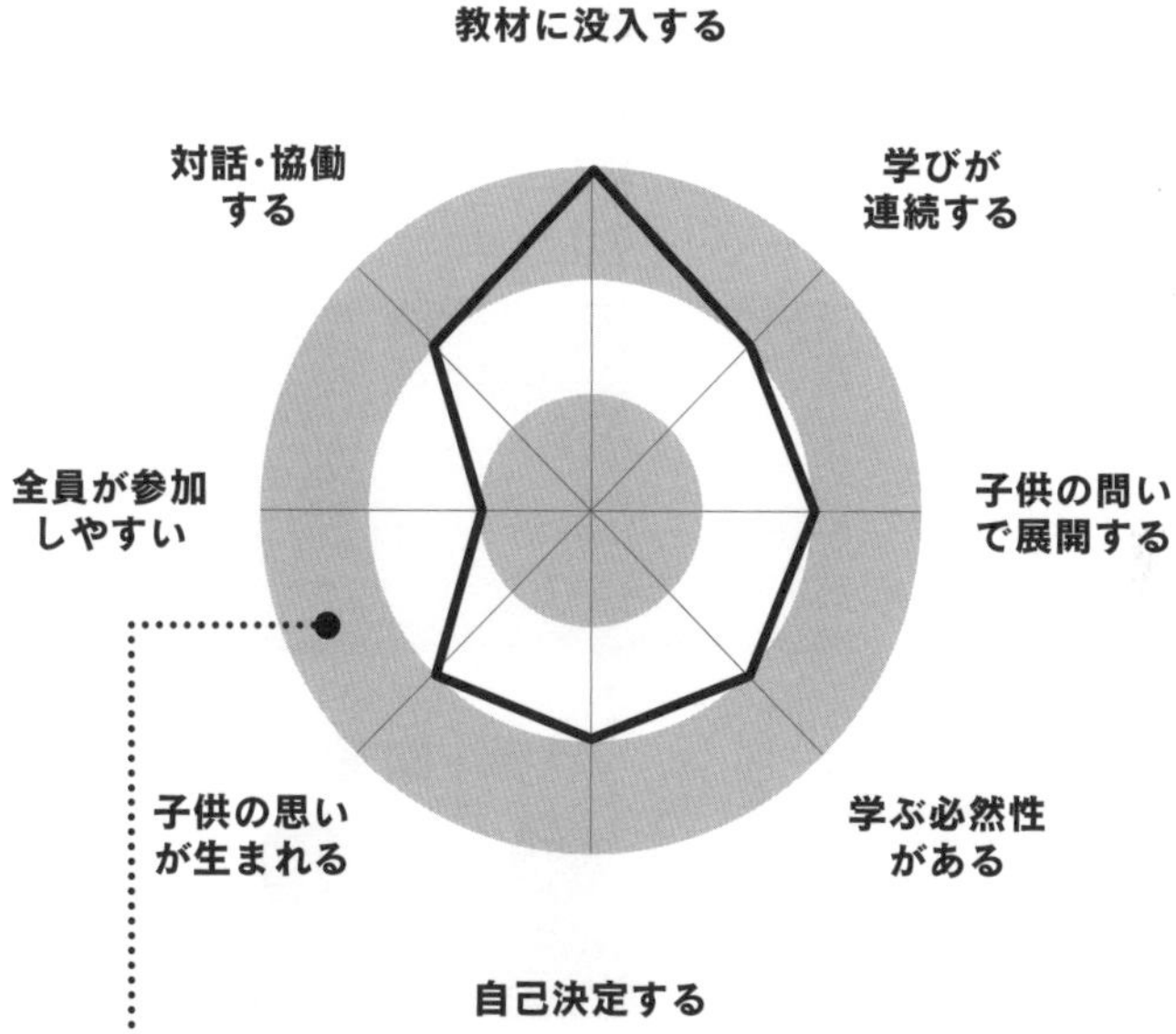

ここで示した授業タイプと、本書で取り上げる８種類の授業技術との関係を示したレーダーチャートです。
値が大きくなっているものは、この授業タイプが得意とする授業技術です。本書で示した授業技術を導入することで、この授業タイプのよさがさらに引き出されます。
値が小さくなっているものは、この授業タイプが苦手とする授業技術です。本書で示した授業技術を導入することで、この授業タイプの弱さを改善することが期待できます。

練り上げタイプ

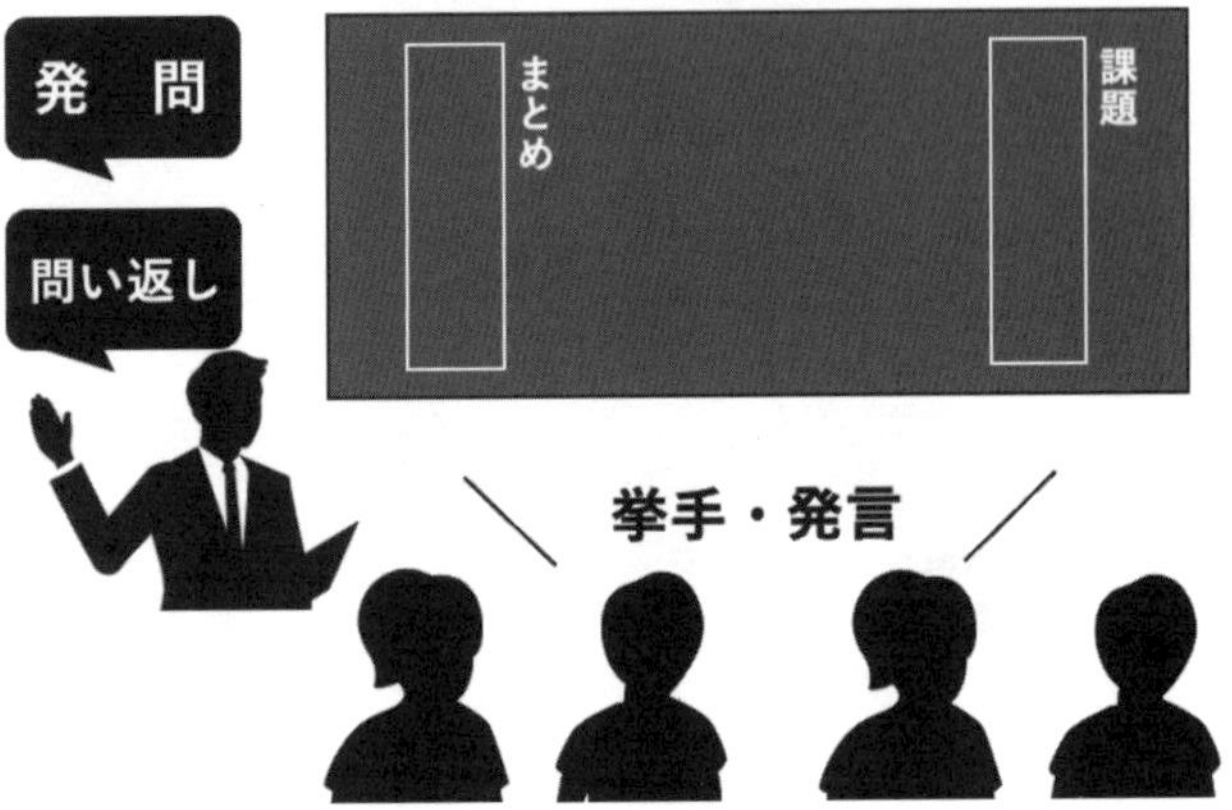

「練り上げ」は、よく算数の授業で使われる言葉です。教室全体で学習を進め、集団で共通の結論等に導く授業を指します。国語においても、学習課題やめあてを集団で共有し、一人一人の考えを集約してまとめる授業が行われることがあります。そのような授業を、ここでは**「練り上げタイプ」**と定義します。

この「練り上げタイプ」は、一斉授業の形式で授業を進めることになります。教師は子供の声を聞きながら、それらを集約して授業を進行します。子供は挙手して発言し、教師から問われたことを考えたり、教師の指示にしたがって学習を進めたりしていきます。

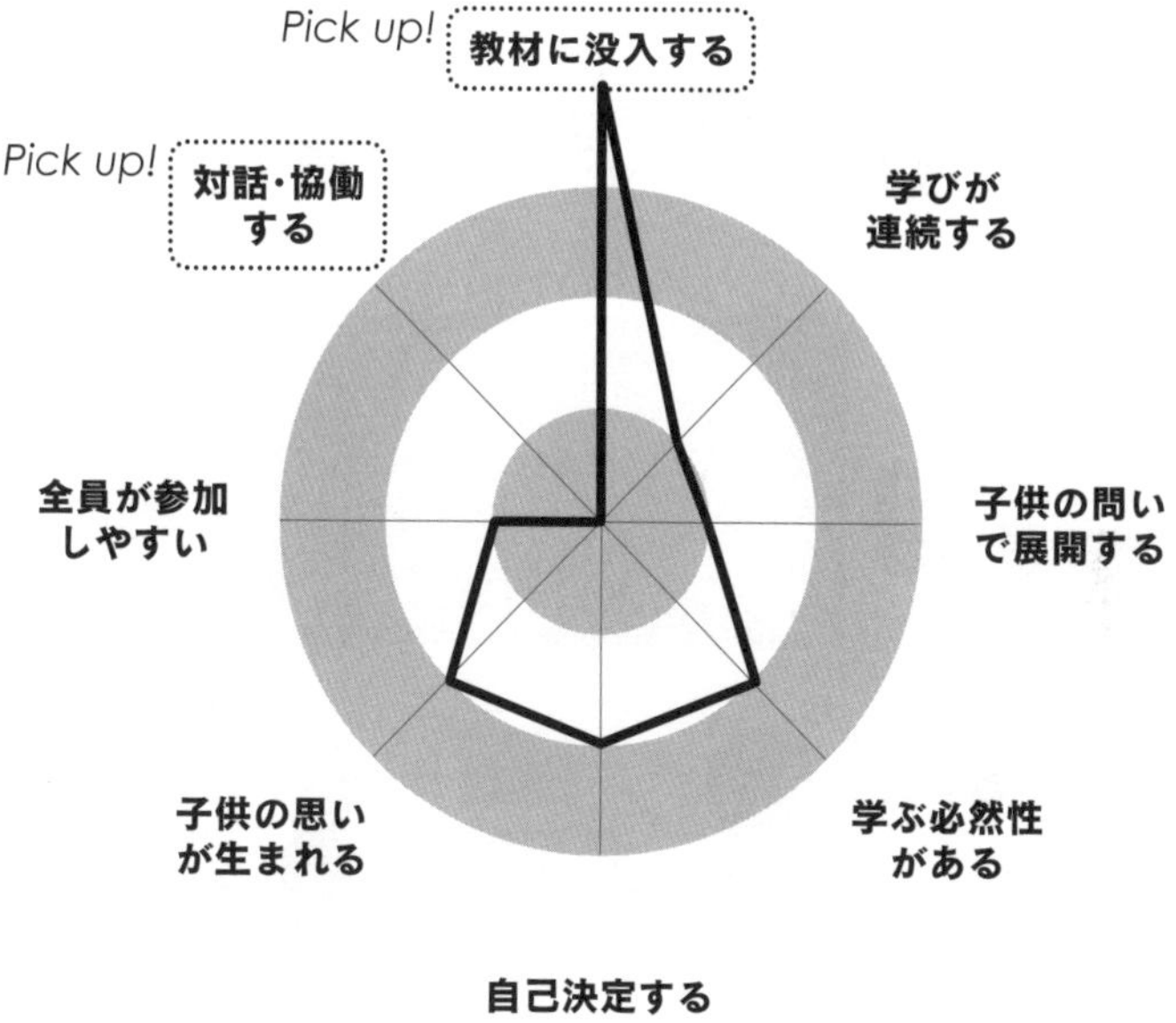

本書で提案する8種類の授業技術との関係を見てみましょう。

まず、**「教材に没入する」**の値が大きくなっています。「練り上げタイプ」は、基本的に教師が関わりながら学習が進行していくため、教師によって教材の深い読みへと導くことがしやすくなります。

逆に、「学びが連続する」「子供の問いで展開する」「全員参加しやすい」「対話・協働する」の値が小さくなっています。「練り上げタイプ」は、教師が主導する展開が多くなるためです。特に**「対話・協働する」**は、ペアやグループの対話や協働を想定しているため、値が小さくなっています。

整理タイプ

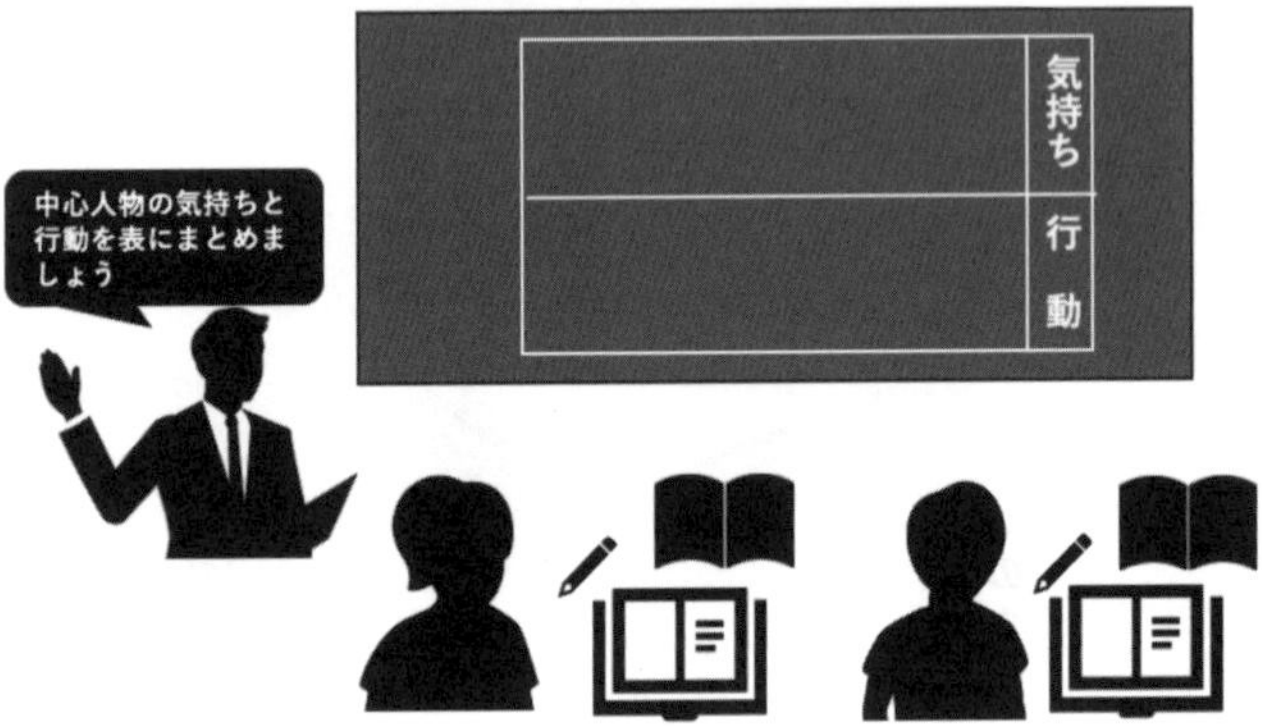

国語科「読むこと」領域の授業では、観点を設けて叙述を抜き出し表に整理させる学習が行われることがあります。上掲の図であれば、物語文の中心人物の気持ちと行動を表す叙述を抜き出し、時系列で表に整理させています。教材によっては、このような学習が教科書の「手引き」にも掲載されています。そのような授業を、ここでは**「整理タイプ」**と定義します。

この「整理タイプ」は、教師の説明と指示によって叙述の抜き出しと整理が行われます。子供は示された形式を守って必要な叙述を探して表などに書き写していきます。

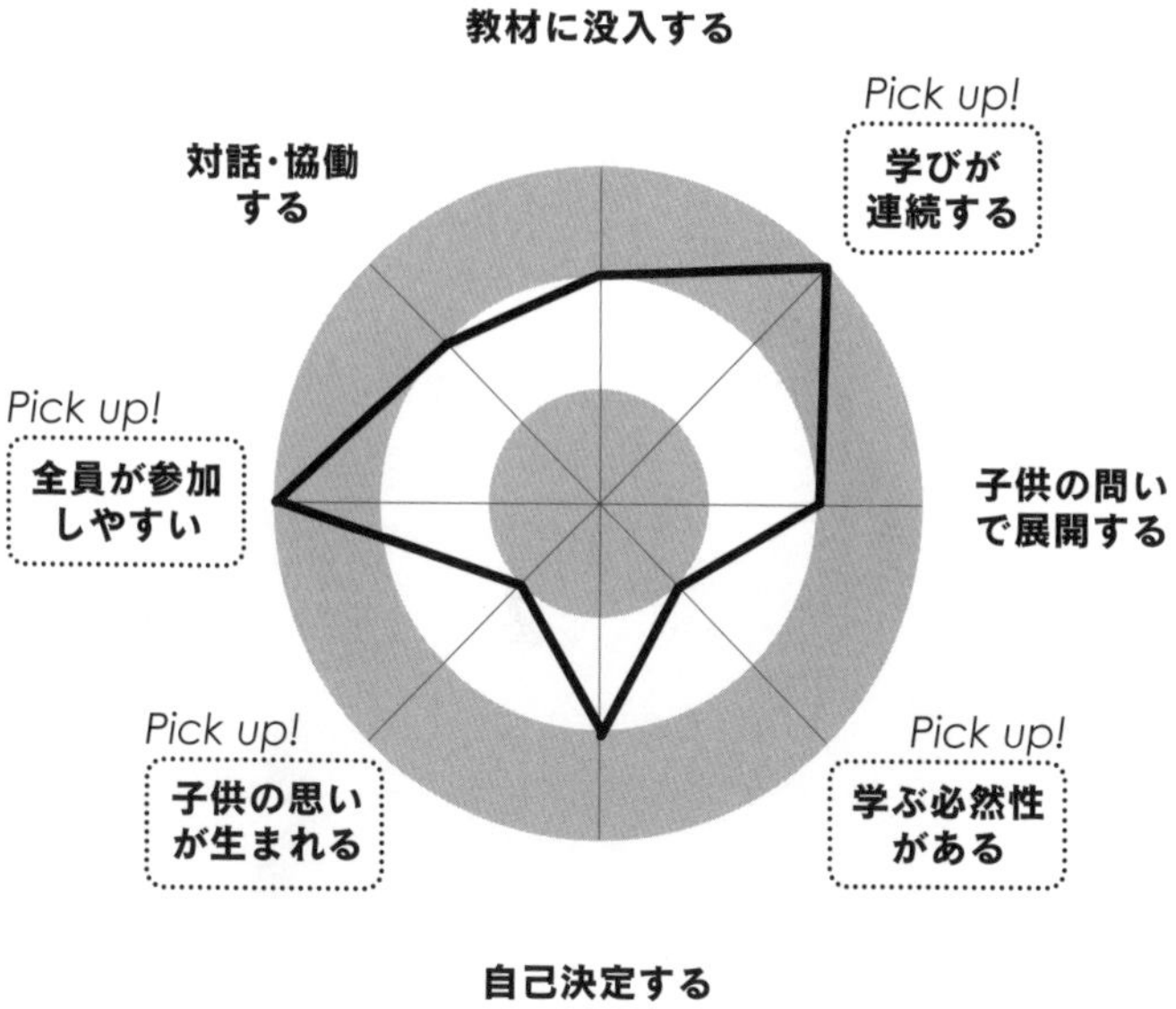

本書で提案する8種類の授業技術との関係を見てみましょう。

「学びが連続する」「全員が参加しやすい」の値が大きくなっています。「整理タイプ」は、やるべきことが明確であるため、完成するまでは学びが連続していきますし、どの子供にも取り組みやすくなっています。

逆に**「学ぶ必然性がある」「子供の思いが生まれる」**の値は小さくなっています。教師に示された活動であるため、叙述を抜き出し整理すること自体が子供の目的になります。そのため、やや作業的に取り組むことになるのです。

話し合いタイプ

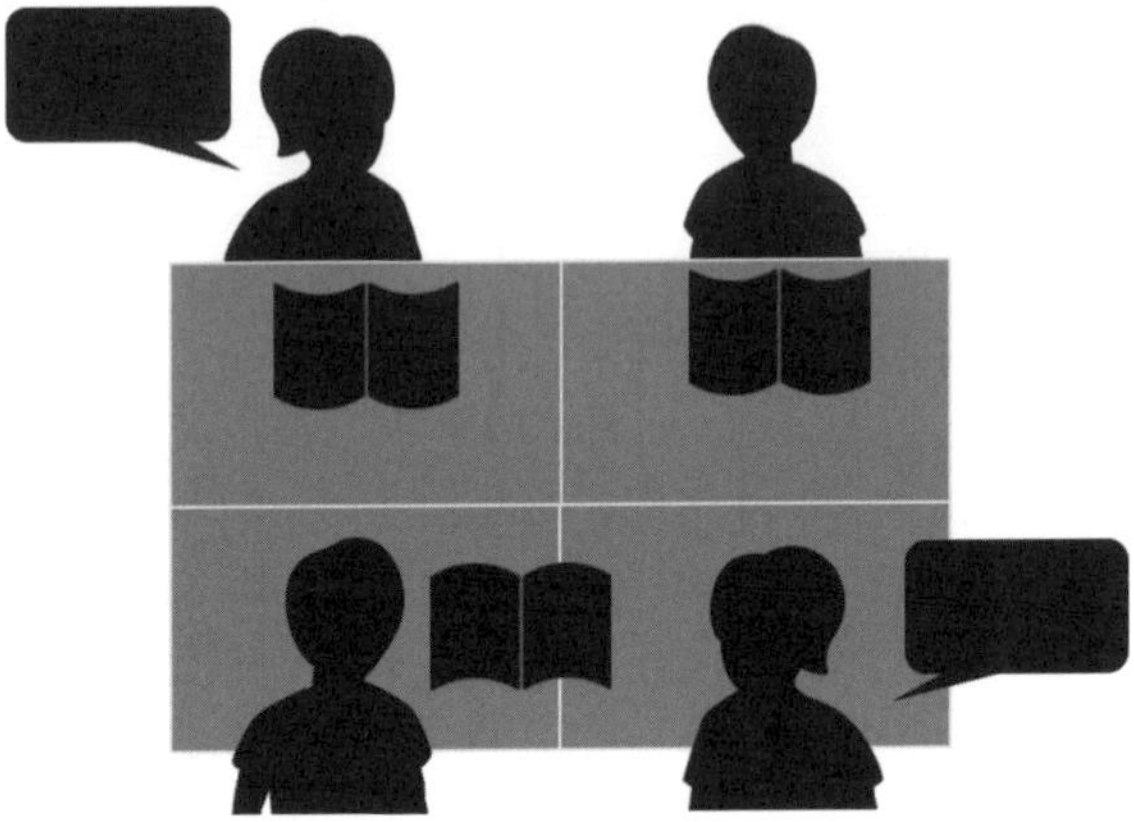

現行の学習指導要領に示されている「主体的・対話的で深い学び」、中教審答申で示されている「協働的な学び」からも分かる通り、他者とつながって学ぶことは重要です。そのような学びをよりいっそう重視して授業を構成するタイプを、ここでは**「話し合いタイプ」**と定義します。

この「話し合いタイプ」は、特にグループの話し合いを授業の中に位置付けることになります。グループ単位で学習が進むため、教師が細かく関与することはできません。したがって、子供同士で進め方を判断しながら、学習していくことになります。

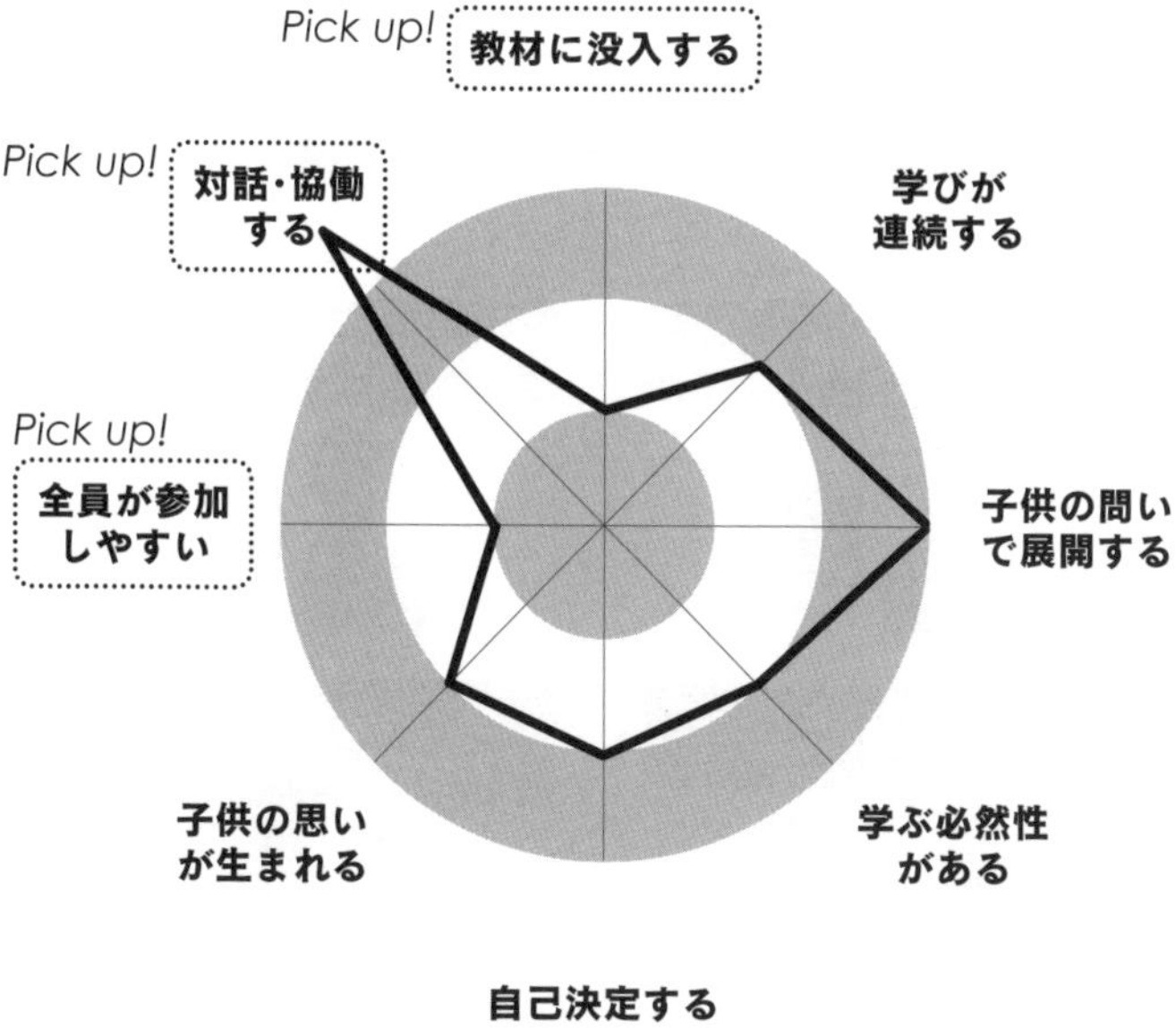

本書で提案する8種類の授業技術との関係を見てみましょう。

まず、**「対話・協働する」**の値が大きくなっています。ここでの対話や協働は、子供同士のものを想定しているので、当然です。また、話し合う中で、「これはどうなのかな」と問いが生まれることも期待できます。

逆に、**「教材に没入する」「全員が参加しやすい」**の値が小さくなっています。話し合いの中で、教材から離れたイメージのぶつけ合いになってしまうことがあります。また、子供によっては話し合いにうまく入れなくなって学習を進めることが難しくなることもあります。

活動タイプ

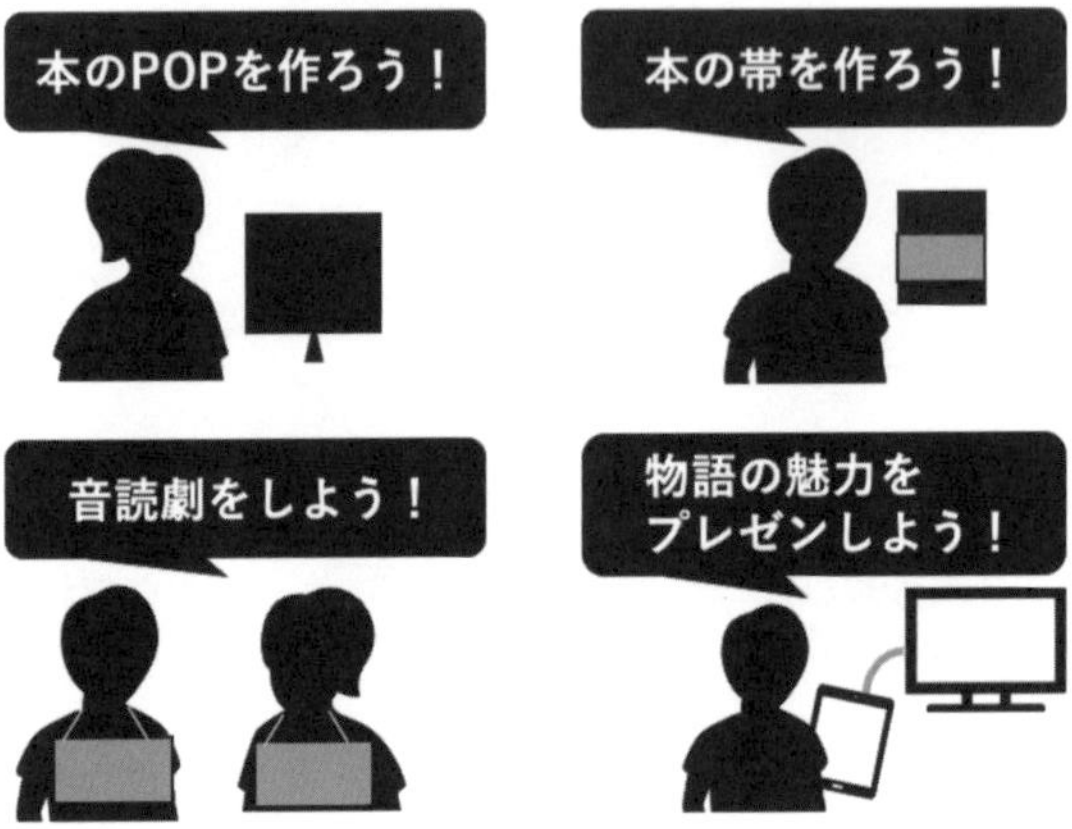

言語活動を通して資質・能力を育成する国語科において、どのような活動を行うかは重要です。上掲の図では、「POP作成」「本の帯作成」「音読劇」「プレゼン作成」を例としてあげています。このような活動をよりいっそう重視して単元を構成することを、**「活動タイプ」**と定義します。

この「活動タイプ」は、単元冒頭で教師から活動を提示した後、子供が自ら進めていくことになります。教師は子供の活動の状況を見取って、助言をしたり見通しを示したりします。子供は、自分なりに活動の進捗を確かめながら、設定したゴールに向かって活動していきます。

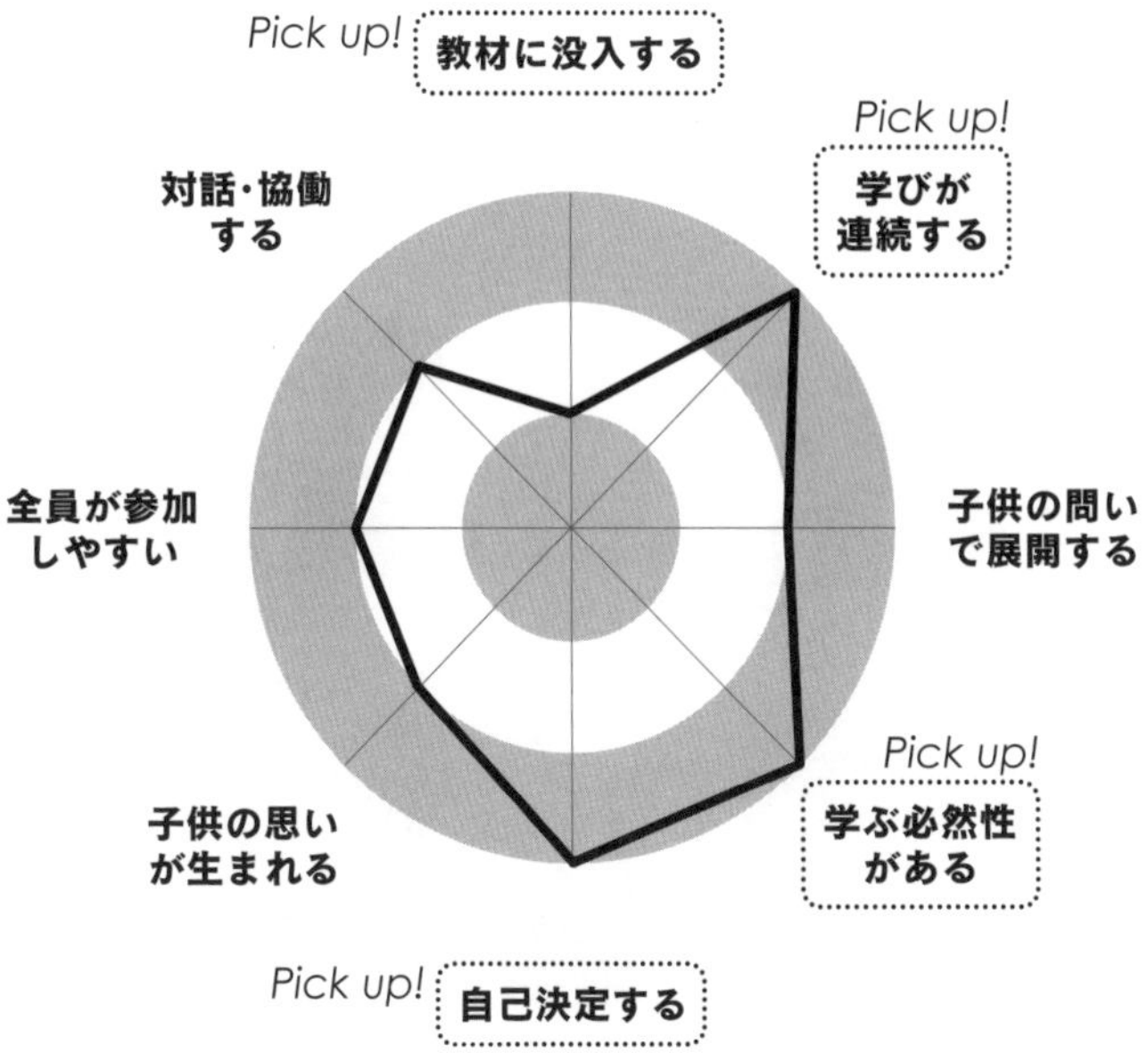

本書で提案する8種類の授業技術との関係を見てみましょう。

「学びが連続する」「学ぶ必然性がある」「自己決定する」の値が大きくなっています。「活動タイプ」は、活動のゴールが明確になっているため、次に何をするか、何のためにそれをするかを意識して活動することが促されるからです。

逆に**「教材に没入する」**の値は小さくなっています。これは活動の質によるところもあるのですが、活動を進めていくにつれて、子供の意識が教材から離れてしまうからです。教材の内容が大体頭に入ってくると、子供は教材ではなくその活動自体に没頭してしまうのです。

委ねるタイプ

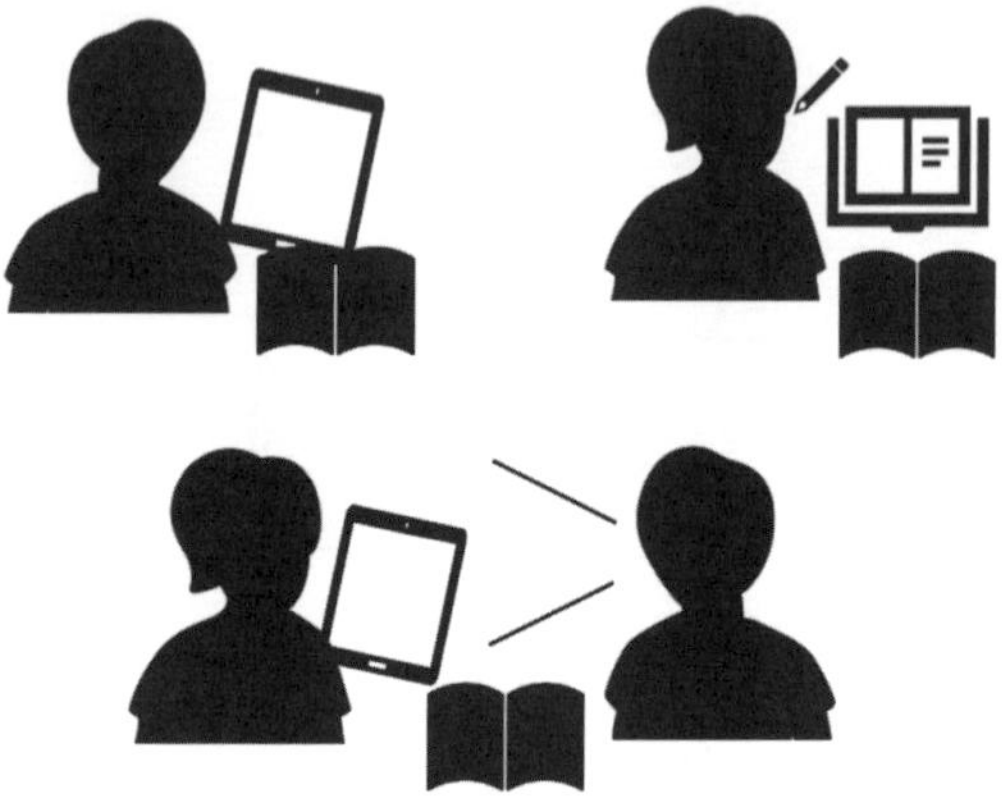

1人1台端末の導入によって、子供が自分でできることの幅が広がりました。このことを受けて、授業中の学習の進め方を子供に任せる実践が見られるようになりました。そのような授業を、ここでは**「委ねるタイプ」**と定義します。

この「委ねるタイプ」は、活動や課題を共有した後、子供それぞれにどう学んでいくかが任されます。友達と一緒に取り組む子供もいれば、一人で黙々と取り組む子供もいます。タブレット端末を使用する子供もいれば、教科書を使用する子供もいます。どの子供も自分がやりたいようにできる状況をつくり、教師は子供それぞれの学びを支えていきます。

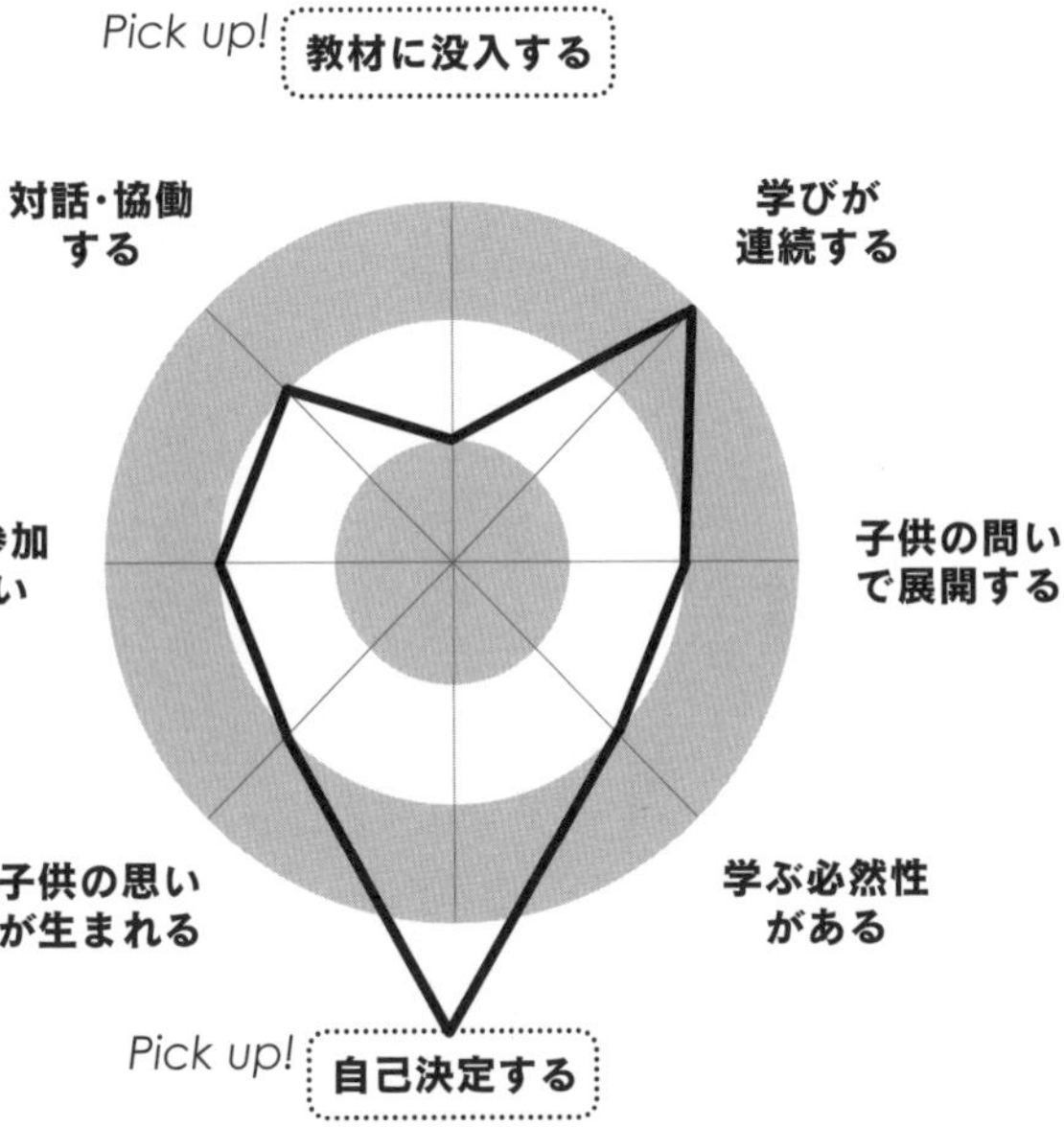

本書で提案する8種類の授業技術との関係を見てみましょう。

まず、**「自己決定する」**の値が大きくなっています。「委ねるタイプ」は、どの子供も自分がやりたいことをできるので、自己決定の機会が非常に多くなります。また、自分が決めたことをしているわけですから、「学びが連続する」の値も大きくなります。

逆に、**「教材に没入する」**の値が小さくなっています。もちろん、自ら教材に没頭して学ぶ子供もいるのですが、そうではない子供の方が多く表れます。書いていないことの空想を始めて、そこから離れられなくなる子供もいます。

教材に没入させる授業技術

1 教材に没入させる授業技術

本文の一部を削除した教材提示

POINT 1 教師が物語を一読者として読み、言葉と言葉のつながりを明確にする

物語を読むということは、書かれた言葉を基に、読者が一貫性のある意味を創り出していく行為です。つまり、物語を「点」ではなく「線」として読むことが大切です。そのためには、教師が物語を一読者として読み、言葉と言葉のつながりを教材研究の段階で明確にしておくことが必要です。特に、登場人物の心情や場面の様子をより詳しくする言葉に意識して読むといいでしょう。「ちいちゃんのかげおくり」であれば、「きらきら」という副詞が二度出てきます。この「きらきら」は、ちいちゃんが非現実世界でも家族と再会できた喜びや、ちいちゃんが亡くなってから何十年後の場面が平和であることを効果的に表現する働きをしています。

授業では、そのような言葉の意味付けを、子供ができるようにします。先の「ちいちゃんのかげおくり」であれば、「きらきら」という言葉を削除して教材を提示します。すると、子供は間違いを指摘するでしょう。そこで、「『きらきら』がなくてもいいよね」と働きかけるのです。こうすることで、「だめだよ。だって……」と、ちいちゃんの心情に寄り添って理由付けをしたり、戦争中と戦争後の場面を比較したりと、「きらきら」という言葉の意味付けをするために教材に没入していくのです。

POINT 2 物語の内容の大体を捉えさせておく

ポイント1のように、子供が言葉と言葉をつなげて読むためには、物語の内容の大体を捉えさせておく必要があります。そうでないと、先のような働きかけをしても「教科書には『きらきら』って書いてあるからないとだめだよ」と、「きらきら」の意味付けが難しくなります。繰り返し音読をさせたり、物語の設定を問うたりして、物語の内容の大体を捉えさせてから、本文の一部を削除した教材提示をします。

事例　本文の一部を削除した教材提示

一つの花（小学4年）

前時では、ゆみ子の現状を嘆くお母さんの心情を読んでいます。また、本単元に入ってから繰り返し音読し、戦争後の場面を含めた内容の大体を捉えています。

T　第二場面からお父さんが出てくるね。この場面をみんなで音読しよう。

C　（第二場面を音読）

T　みんなが読んでくれた場面の文章を黒板に貼るね。

C　あれ、なんか違うよ。

C　「めちゃくちゃに」がなくなってる。

T　**あー、でも「めちゃくちゃに」がなくてもいいよね？**

C　だめだよ。だって、「めちゃくちゃに」があった方が、お父さんのゆみ子への気持ちが伝わるから。

C　お母さんはゆみ子の今をかわいそうに思ってるけど、お父さんはゆみ子の将来を心配している。自分は戦争に行くって分かっているから、「めちゃくちゃに」高い高いすることくらいしかできない。

C　自分は戦争で死んじゃうから、今できることを精一杯やってる感じがする。「めちゃくちゃに」があった方がお父さんの気持ちが詳しく分かる。

右のような発話の共有を図っていくことで、「めちゃくちゃに」を基に、お父さんの心情を様々な場面とつなげながら考える過程で、教材に没入させることができます。

WATCH

ここでは、他の場面とつなげながらの意味付けが難しい子供がいるはずです。だからこそ、教師は働きかけに対する子供の反応や記述を注意深く見取り、読みの交流の相手を仕組むなど、対話をコーディネートしていく必要があります。

（太田諒平）

教材に没入させる授業技術

2 題名を問う発問

POINT 1

題名が象徴するものを考えるための材料を明確にする

物語と出合ったとき、最初に目が向くのは題名です。題名には、物語の内容を想像させる面白さがあります。また、「モチモチの木」や「海の命」など、題名と物語の内容に密接な関係があり、題名がその作品の象徴表現となっている場合もあります。このような場合、題名に用いられる言葉が、物語の中にも出てくることがよくあります。「海の命」であれば、「大魚はこの海の命だと思えた。」「千びきに一ぴきしかとらないのだから、海の命は全く変わらない。」と題名と同じ言葉が二度出てきます。「海の命」という言葉を意味付けるためには、太一の心情の変化、太一の行動の因果関係、太一に影響を与えた人物との関係性など、物語全体を読む必要があります。つまり、題名について問い、それが表すこと（象徴すること）を考えさせることは、その物語の全体像を読者が意味付けることにつながるのです。先の「海の命」であれば、太一の行動の因果関係、父や与吉じいさとの関係性などを読んだ後に、「海の命とは何かな？」と問います。こうすることで、初読の段階で「魚の命」「瀬の主」と考えていた子供が、「村一番の漁師として守り続ける海そのもの」「海と一緒に生きる太一自身もその一部」と、言葉の意味を捉え直し、全体像を意味付ける過程で教材に没入させることができるのです。

POINT 2
物語に応じて問い方（5W1H）を使い分ける

題名について問う際、物語に応じて問い方を使い分けることが大切です。「やまなし」であれば、「やまなしとは何か？」と問うよりも、「なぜ題名がやまなしなのか？」と問うた方が、物語に出てくるものの関係性や、五月と十二月という物語の構造など、全体像を意味付けることにつながります。「走れ」や「ずうっと、ずっと、大すきだよ」であれば、『走れ』とは誰の言葉か？」「『ずうっと、ずっと、大すきだよ』は誰に向けて言っているのか？」など、物語に応じて問い方（5W1H）を使い分けるといいでしょう。

事例　題名を問う発問

一つの花（小学4年）

前時までに、物語の設定（人・時・場）や戦中と戦後の場面の違いを捉えたり、一つの花を見つめながら出征するお父さんの気持ちを想像したりする学習をしています。

T　最後の場面を音読しよう。

C　（最終場面を音読する）

T　ゆみ子に忘れられたなんて、お父さんは悲しいね。

C　たしかにそうかもしれないけど、私は悲しいだけじゃないと思う。

C　僕もそう思う。だって、ゆみ子がちゃんと成長しているから。

C　お父さんが渡した一輪のコスモスが、家を包むくらいいっぱいになっているよ。

C　コスモスのトンネルって言葉からも、コスモスがいっぱいになったって分かる。

T　コスモスがいっぱいになったことと、お父さんって何かつながっているの？

C　お父さんの「一つの花」に込めた思いが伝わったことを表しているから。

T　**「一つの花」には、お父さんのどんな思いが込められているのかな？**

C　戦中の場面では、「大きくなったらどんな子に育つだろう」とゆみ子の将来を心配していて、ちゃんと成長してほしいという願いを込めて一つの花を渡した。戦後の場面でコスモスがいっぱいになったのは、その願いが叶ったってことだよ。

C　私も似ている。ゆみ子はもう「一つだけ」と言ってもらう側じゃなくて、お母さんのために料理をして与える側になるくらい成長してるよね。

右のような対話の共有を図っていくことで、お父さんの思いについて想像したことを基に、「一つの花」が象徴するものを意味付ける過程で教材に没入させることができます。

WATCH

ここでは、コスモスとお父さんの思いをつなげて考えるのが難しい子供がいるはずです。だからこそ、単元を通してお父さんの思いや、戦中と戦後のコスモスの変容をより丁寧に扱い、全文プリントや教室掲示に学びの足跡を残しておきましょう。

（太田諒平）

3 教材に没入させる授業技術
最後の一文を問う発問

POINT 1 子供が意味付けられるように発問を組み立てる

物語の結末となる最後の一文には、特に書き手のメッセージが込められています。だからこそ、最後の一文を問うことは、子供が書き手のメッセージについて自分なりの意味付けをしたり、全体像を捉え直したりすることにつながるのです。「注文の多い料理店」であれば、「しかし、さっき一ぺん紙くずのようになった二人の顔だけは、東京に帰っても、お湯にはいっても、もうもとのとおりになおりませんでした」という一文で締めくくられます。二人のわかいしんしの内面が変わらず、外見だけが変わったことを表す最後の一文からも、書き手である宮沢賢治のメッセージが感じられます。しかし、書き手の意図を直接問うても、子供は難しいと感じるでしょう。

授業では、最後の一文を子供が意味付けられるように発問を組み立てます。先の「注文の多い料理店」であれば、まず、最後の一文があるものとないものを提示し、「どのような違いがあるかな？」と問います。次に、「顔が変わったことを語る意味は何かな？」と問うのです。こうすることで、子供は最後の一文に込めた書き手のメッセージを意味付けるために、物語を読み直し、没入していきます。

POINT 2 全文プリントを使い、読み取ったことを蓄積させておく

物語の最後の一文を問うことは、それまでの展開とのつながりを考え、一貫性のある意味を創り出すことを促す働きがあります。そのため、最後の一文を問う際には、これまで学習してきたことが一目で分かるようにしておくことが大切です。単元に入ったら、子供に教師が作成した全文プリントを配り、毎時間読み取ったことを記入させます。教師も全文を拡大して教室に掲示し、子供が読み取ったことを記入します。こうすることで、子供はこれまで読み取ったこととつなげながら、最後の一文を意味付けることができるのです。

事例　最後の一文を問う発問

海の命（小学6年）

前時までに、太一に影響を与えた人物との関係や、瀬の主をうたない選択をした太一の心情について考えてきています。

T　（「もちろん」を抜いた文章を提示して）最後の場面を音読しよう。

C　あれ、「もちろん」がなくなってるよ。

T　**「もちろん」があるのとないのとでは、どのような違いがあるかな？**

C　「もちろん」があると、太一が誰にも話さなかったことが強調される。

C　言わないのが当たり前ってことが読み手に伝わってくるよね。

T　**では、なぜ太一は「もちろん」誰にも話さなかったのかな？**

C　話しても信じてもらえないから。あと、誰か捕りに行くかもしれない。

C　私は、話して海の命が変わることを恐れたからだと思うよ。

C 私も似てる。与吉じいさの「千びきに一ぴきでいいんだ」という教えをずっと守って瀬の主をうたないことにしたし、海全体の命を変えたくないから話さない。

C 太一は海と一緒に生きたいと思ってる。そのためにも、海の命が変わらないようにおとうや与吉じいさの教えをずっと守っている。それが村一番の漁師ってことでしょ。話したら海の命が変わる原因になって村一番の漁師と言えない。村一番の漁師として海と一緒に生きたいから、「もちろん」話さなかったんだよ。

最後の一文について、太一に影響を与えた人物との関係や、村一番の漁師という言葉に着目した考えの共有を図っていくことで、自分なりの意味付けをする過程で子供を教材に没入させることができます。

WATCH

ここでは、「話して他の人がうったら太一が一番じゃなくなる」のように、一人前の漁師と村一番の漁師の区別ができていない考えが出されるでしょう。教師はそのような考えを受け止めつつ、発話例に書いたような考えを取り上げ共有していきましょう。

（太田諒平）

教材に没入させる授業技術

4 物語の構造を可視化する板書

POINT 1

物語の構造を捉えるとどのように読みが変わるかを明確にする

説明文では、内容を読み取らせるだけでなく、文章を「はじめ─中─終わり」に分類させたり、事例の順序を検討させたりするなど、構造についても考えさせる授業がよく見られます。構造を捉えさせることで、筆者が主張を読み手に伝えるために、どのような書き方の工夫をしているのかを身に付けさせることができるからです。

物語も同じように、内容と構造のどちらも考えさせることが必要です。初読の段階では、ほとんどの子供が物語の内容に目を向けます。「ごんぎつね」であれば、結末場面の内容から、撃たれたごんを「かわいそう」と感じる子がいます。このような子供に、ごんの人称（「きつね」「ごんぎつねめ」）を問うなどして、第一場面から第五場面と、第六場面で語り手の視点人物が変わっていることを捉えさせます。こうすることで、ごんと兵十の思いがすれ違っている構造に気付き、「火縄じゅうを撃つまで兵十に気付かれなかったごんはすごくかわいそう」「ごんも兵十もどちらも悲しい結末」などと、もう一度結末場面を読もうとするでしょう。つまり、子供は物語の構造が見えてくると、これまでの自分の考えを見直し、「もう一度文章を読んで考えたい」と教材に没入していくのです。

POINT 2 板書によって物語の構造が見えるようにする

ポイント1で、物語の構造を捉えさせることは、再読につながると述べました。しかし、物語の構造は、子供にとって見えづらいものです。だからこそ、板書による可視化が必要となります。その際、物語全体を大きな枠組みとして扱い、物語の構造が一目で分かるような板書をすることが大切です。例えば「一つの花」であれば、対比構造を捉えさせるために、「戦中と戦後の違うところは何かな?」と問い、子供の発言を戦中については黒板の上半分、戦後については黒板の下半分に観点をそろえながら板書します。こうすることで、物語の対比構造が見えてきます。

事例

物語の構造を可視化する板書

やまなし（小学6年）

前時では、「五月」に出てくる「クラムボン」「魚」「かわせみ」の食べる―食べられるの関係性を図や言葉でまとめています。

T 「五月」に出てくるものの関係性はどうなっていたかな？
C 魚はクラムボンを食べる。その魚をかわせみが食べる。食物連鎖の関係だった。
T では、「十二月」の関係性はどうなっているかな？
C かにの親子はやまなしを食べる。「うまい酒になるぞ」って言ってたよ。
T （「五月」の隣に子供の発言を板書する）
C ちょっと待って。「五月」と「十二月」もつながっているんじゃないかな。
C 確かに。かわせみはいつかは死ぬ。それがやまなしの木の養分になるよね。
C あー、たしかに。かにもいつかは命が尽きて分解されてクラムボンになるね。

C 最初は「五月」と「十二月」は別々なもので、なんでこの二つなのか分からなかった。でも、作者が「五月」と「十二月」の二つにしたのは、自然には無駄なものは一つもないことを表したいからだと思う。

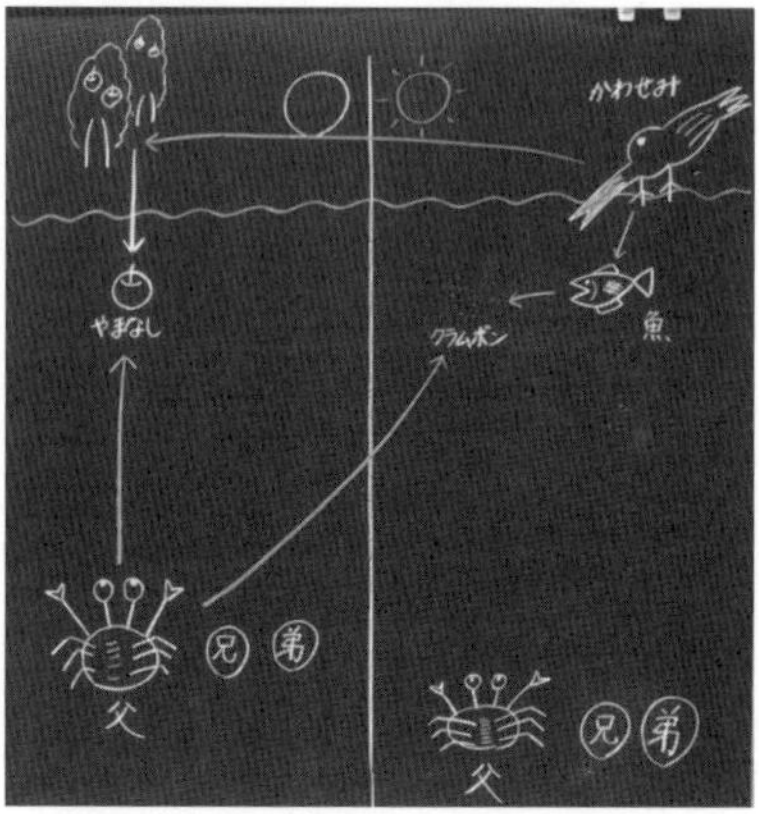

写真のように子供の発言を板書し、「やまなし」の連続的構造を捉えさせます。こうすることで、物語の主題を自分なりに意味付けようとする過程で、教材に没入させることができます。

WATCH

子供が「五月」と「十二月」のつながりに気付くためには、これまでの学習経験が大切です。「やまなし」より前に学習する詩教材「せんねん　まんねん」でも、出てくるものの関係性を板書によって可視化し、連続的構造を捉えさせておきましょう。

（太田諒平）

5 教材に没入させる授業技術

物語の特徴に合った思考ツールの選択

POINT 1

物語の特徴と授業のねらいにぴったり合う思考ツールを選択する

物語には、成長譚（例「海の命」「モチモチの木」）や報恩譚（例「かさこじぞう」「ゆうすげ村の小さな旅館」）など、内容は違っても共通点が見られることがあります。また、ファンタジー構造（例「白いぼうし」「注文の多い料理店」）のように、書かれ方にも共通点が見られることもあります。このように、内容と書かれ方の両面から物語の特徴を捉えさせることは、子供が他の作品を読むときに活用できる力となるため、系統的に指導する必要があります。その際、思考ツールで物語の特徴を可視化・図式化することが有効になります。

授業では、物語の特徴と授業のねらいにぴったり合う思考ツールを使わせることが大切です。例えば、「注文の多い料理店」のファンタジー構造を捉えさせるために、子供たちがよく知っている「浦島太郎」と比較させます。その際、ベン図を使ってまとめさせると、「違う世界に行って戻ってくる」「結末で顔が変わる」などの物語の特徴が可視化されます。こうすることで、「違う世界への入り口と出口はどこだろう?」「なんでこういう結末にしたのだろう?」と新たな問いが生まれ、教材に没入していくのです。

POINT 2
子供の必要感を生み出してから思考ツールを提示する

ポイント1のように、物語の特徴と授業のねらいにぴったり合う思考ツールを選択しても、提示するタイミングを間違えると、子供の学習意欲を低下させてしまうことがあります。先の「注文の多い料理店」であれば、子供の目的意識とずれがあると、「なんで急にベン図を使うのかな」と受け身になってしまいます。そこで、「お気に入りのファンタジー作品を紹介しよう」のような言語活動を設定し、物語の特徴を捉えさせる必要感を生み出してから、思考ツールを提示するのです。

事例　物語の特徴に合った思考ツールの選択

帰り道（小学6年）

前時までに、「帰り道」を繰り返し音読し、内容の大体を捉えています。また「1」が律視点、「2」が周也視点で書かれており、同じ出来事に対しても、それぞれで考え方が違うことにも気付いています。

T　律はどんな人物かな？
C　思っていることがうまく言葉にできない人。
C　物事を決められなくて、それもうまく言葉に表せない人。
C　でも、それは律が自分のことをそう思ってるってことでしょ。
C　周也は律のこと、マイペースで落ち着いている人だと思っている。
C　沈黙を気にしないところが自分とは違うと考えているね。
T　「1」と「2」で違うってこと？

C　私も、自分が思ってる自分と、友達が思っている自分って違うなって感じた経験がある。

T　なるほど。では、**視点の違いに気を付けながらXチャートにまとめてみよう。**

右のような対話の共有を図り、観点を示したXチャートを使わせることで、人物像を捉えるために教材に没入させることができます。

WATCH

ここでは、四観点から読み取る必要があるため、子供によっては情報量が多く、難しく感じてしまうかもしれません。その場合、「律→律」から考えてみようと、スモールステップで学習を進めさせる支援を取り入れましょう。

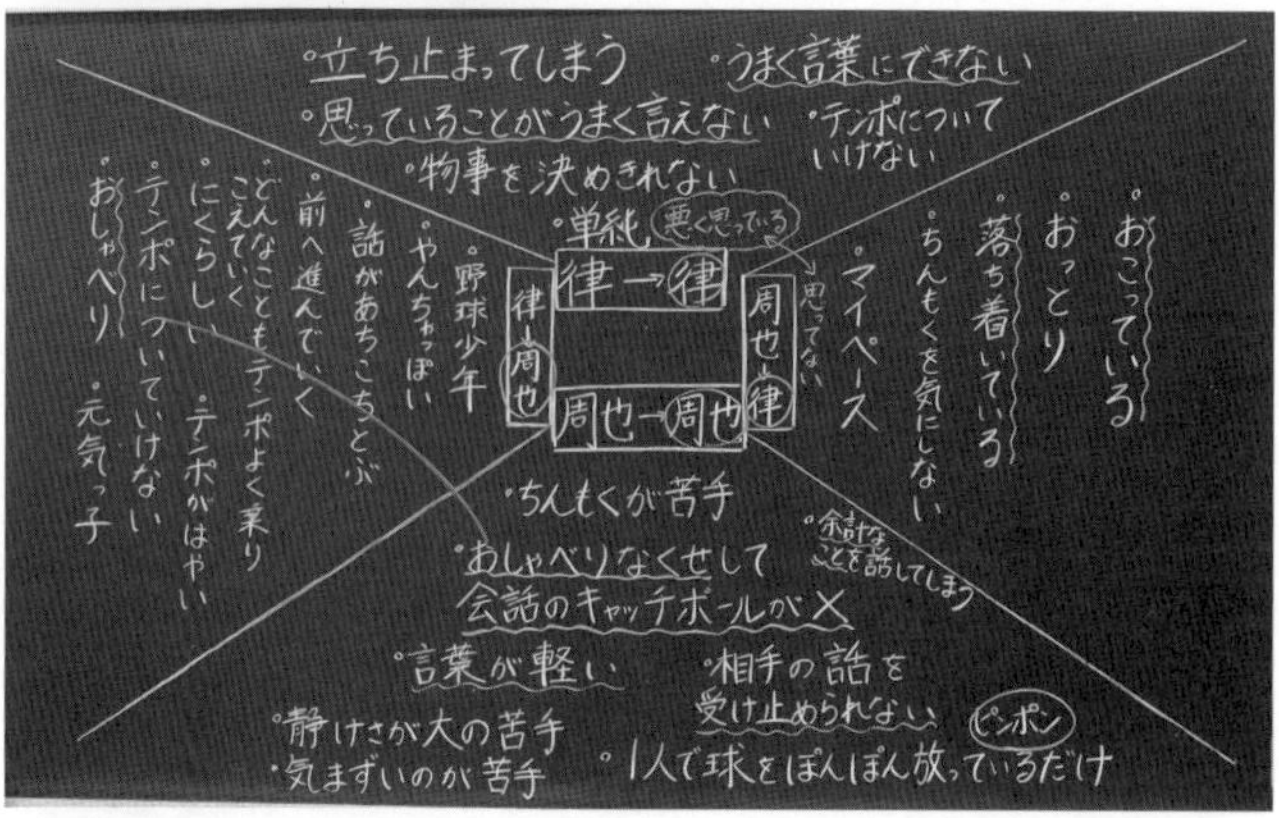

（太田諒平）

教材に没入させる授業技術

6 物語の再読を促す言語活動

POINT 1 子供が教材を読み直したくなる言語活動を設定する

国語科では、「お気に入りの本を紹介しよう」や「○○図鑑を作ろう」など、様々な言語活動による実践が見られます。言語活動を設定することで、学習の目的意識や相手意識をもたせたり、子供の「おもしろそう」「やってみたい」という思いを引き出したりすることができます。これらのことも言語活動を設定する上で意識すべきことですが、一番大切なのは、子供が教材を読み直したくなるようになっているかということです。

子供が教材を読み直したくなる言語活動を設定するためのポイントは、指導内容と教材の特徴を関連させて考えることです。先の「お気に入りの本を紹介しよう」（中学年「白いぼうし」）の場合、「叙述を基にして想像する」や「一人一人の感じ方について違いがあることに気付く」などの指導内容はクリアできています。しかし、教材の特徴については示されていないため、「どの本でもいいのかな?」と悩んでしまう子供が出てしまうでしょう。教材の特徴と関連させ、「お気に入りのファンタジーを紹介しよう」とすることで、「ファンタジーって何だろう?」「『白いぼうし』で確かめたい」と教材を読み直したくなり、教材に没入させることができます。

POINT 2 物語の読解とつながる言語活動を設定する

子供が教材を読み直したくなる言語活動にするためには、物語の読解とつながる言語活動を設定することも必要です。例えば「一つの花」は、三人称で語られる物語です。登場人物であるゆみ子・お父さん・お母さんの行動については客観的に語られますが、心情については直接語られません。このような教材の特徴から、「『一つの花』のモノローグをつくって紹介しよう」という言語活動を設定します。誰のモノローグ(独白)をつくるか子供に選ばせ、叙述や描写を基に選んだ登場人物のモノローグを書かせることで、教材に没入させることができるのです。

事例 物語の再読を促す言語活動

海の命（小学6年）

初発の感想を交流した後、「太一のモノローグをつくって友達に紹介しよう」と言語活動を設定し、モデルを提示しました。その後、「海の命」を繰り返し音読し、設定や内容の大体を捉えています。前時では、第一場面のモノローグづくりをしています。

T 太一のお父さんと与吉じいさの似ているところはどこかな？
C 海を大切にしているところ。
C 「海のめぐみだからなあ」と「千びきに一ぴきでいいんだ」って似ているよね。
C 海の命に感謝しているところ。無駄にとっていない。
C でも太一のお父さんは巨大なクエをとろうとしてたよ。
C そうだね。与吉じいさは絶対に二十ぴきよりたくさんはとらない。徹底している。
T 太一のお父さんと与吉じいさには、違うところもあるのかな？

C　与吉じいさは、二十ぴきしかとらないから海の生き物のこともそうだけど、自分のことも大切にしている。お父さんはクエをとりにいって亡くなっている。

C　与吉じいさは太一にそのことを伝えたいんじゃないかな。「ずっとこの海で生きていけるよ」っていうのは、太一も海の生き物たちも生きていけるよってこと。

C　それでも太一は、父の死んだ瀬に潜りに行ってしまうんだけどね。

T　今日の授業で考えたことを取り入れて、太一のモノローグをつくろう。

右のような対話の共有を図っていくことで、太一のモノローグをつくるために、与吉じいさとの関係性や太一の心情の変化を考えようと、教材に没入させることができます。

WATCH

ここでは、太一の父と与吉じいさを比較させることで、与吉じいさの考えを具体的に意味付けさせます。また、与吉じいさから学びつつも、父を破ったクエをとりにいきたいという思いを合わせもつ太一についても考えさせます。それらをモノローグとして表し、交流させることで、自分の読みを捉え直す姿が見られるでしょう。

（太田諒平）

学びを連続させる授業技術

1 Which 型の発問

学びを連続させる授業技術

POINT 1 子供たちが読み返したくなるきっかけづくり

物語文の学習において、教師の発問は子供が考え始めるきっかけとなります。「注文の多い料理店」であれば、「山猫は紳士たちを食べたかったのか、食べたくはなかったのか」と問います。文章を読むと、確かに山猫が食べようとしている叙述があります。しかし、教師が問うことで、子供は一旦立ち止まり、「食べようとしていない可能性もあるのでは」と考え始めます。子供が「あれ?」「ちょっと待って」と考え出すきっかけを与えると、別の考え方があるのでは、と読み返そうとします。教師の発問がきっかけとなり、子供たちのもっている読みが表れ、他者との違いが分かり、問いをもって思考し始めます。一つの発問に対し一つの正解を求めるのではなく、一つの発問をきっかけにして解釈し、問いをもち、また解釈するというように学びを連続させていくのです。

POINT 2 学びの連続を支える教師の関与

ポイント1のように教師の発問をきっかけにして子供が問いをもてるようにするには、子供の思考を想定する必要があります。例えば、「登場人物の行動や様子を具体的に想像すること」を主な指導事項として設定するとします。「登場人物の行動を想像しましょう」などと直接的な指示をするのではなく、子供自身が問いをもつことができるように、Which 型の発問を考えます。

発問した後、選択した子供に対して理由を聞き、「でも○○だよね」などと思考を揺さぶります。「じゃあなぜそのような行動をしたのか」という問いをもつ子供がいるので、そのつぶやきを拾い、クラス全体の問いとして設定します。教師は、教科書を読み返し、考えを書いたり話し合っている様子を見て、「この文章から考えたんだね」「ここをつなげて考えたんだね」などと叙述と考えをつなげていることを価値付けながら、子供が解釈する姿を支えます。

事例 Which型の発問

お手紙（小学2年）

がまくんの気持ちを知ったかえるくんが、飛び出して出ていった後の場面です。子供がかえるくんの行動を具体的に想像できるように発問し、学びを支えていきます。

T　**かえるくんがとび出して向かっていったのは、かたつむりくんのところですか、それともがまくんの家ですか。**

C　かたつむりくんの所です。理由は「かたつむりくんに会いました」と書いてあるからです。

T　急いでいたのに、動きの遅いかたつむりくんに渡すのかな。

C　動きがゆっくりなのになぜだろう。

C　がまくんの家だと思います。理由は、がまくんの家にもどりましたと書いてあるからです。

C　なぜそのまま渡さなかったのかな。自分で渡せばよかったのに。
C　なぜかえるくんはかたつむりくんに手紙を渡したのかな。
T　みんなで考えてみましょう。
C　かえるくんのサプライズだよ。そのまま渡すよりうれしいよ。
C　偶然会って、かたつむり君が遅いのが分からなかったから渡しちゃったんだよ。
C　がまくんがお手紙を待つときの気持ちをうれしい時間にしてほしいからかな。
T　確かに、最後の場面ではうれしい気持ちになっているね。

Which 型の発問をすることにより、子供は読み返すきっかけができます。子供たちの反応を基に、問い返したり確認したりすることで、問いを焦点化し、物語の本質へと学びをつなげることができます。

WATCH

子供たちからは様々な解釈が生まれます。ぜひ、本文の叙述を基につなげて発話する姿を見取り、「なるほど」と価値付けましょう。

（坪井一将）

学びを連続させる授業技術

2 教材と既習教材との比較

POINT 1

文章の型を考える

教科書の教材文では、双括型で構成されている文章があります。例えば、「アップとルーズで伝える」などの教材文では、はじめに筆者の主張があり、それを支える事例や具体例があり、最後にもう一度主張をするという構成になっています。そのような論の進め方は、一貫した筋道の通った文章となり、子供たちにとっても書きやすいというよさがあります。各学年に複数ある説明的文章を読んだときに、「これは双括型かな」などと問うことで、子供は筆者の文章構成に目を向けて考えることができます。また、既習の教材と比較させることにより、前回の学びが今回の学びとつながっていることを実感することもできます。

POINT 2

既習教材の文章構成表と比較する

ポイント1のように、子供たちが筆者の論の進め方に着目するために、既習教材である「時計の時間と心の時間」と教材文「『鳥獣戯画』を読む」を比較できるようにそれぞれの文章構成表を提示します。なお、高畑勲さんが筆者である、「『鳥獣戯画』を読む」という教材文は文章終末部に筆者の主張が述べられる「尾括型」になっています。そこで「なぜ始めに主張を書かなかったのか」を問います。すると子供たちは、少し立ち止まって、「なぜ最後だけにしたのだろう」と考え始めます。文章構成表を比較することにより、今まで読んでいた文章の論の進め方に工夫や意図があることに気付くのです。このように、既習の学習を用いることで、筆者の論の進め方にも特徴があるということに気付き、説明的文章の学習に連続性が生まれます。

事例　教材と既習教材との比較

『鳥獣戯画』を読む（小学6年）

既習教材の文章構成表を提示し、比較する活動を通して、教材文「『鳥獣戯画』を読む」の論の進め方の特徴の理解を促します。

T　「『鳥獣戯画』を読む」の文章構成と「時計の時間と心の時間」の文章構成ではどんなところが違いますか。

C　主張が書かれている部分が違う。

C　「『鳥獣戯画』を読む」の最初の方は鳥獣戯画の魅力について語っている。「みてごらん」など、話しかけるようにして書いてある。

T　始めに主張は書かなくてよかったのかな。

C　始めに主張を書いたとしても、伝わらないと思ったんじゃないかな。

C　確かに、最初に「人類の宝」と言ってもピンとこないかも。

C　始めは読み手を引き付けるために表現を工夫して、だんだんとより主張が伝わるように進めていったのかな。

C　主張の前には歴史についても書かれてあって、だんだんとくわしく、なぜ鳥獣戯画が人類の宝なのかを説明していっている感じがする。

C　このような論の進め方もあるんだね。

前時までに子供たちは筆者の工夫として「問いかけや評価」「絵と文章の対応」などの表現の工夫を見つけていっています。既習の教材文の文章構成を比較することで、既習の教材文が生かされ、学びが積み重なっていることを子供たちは実感することができます。

WATCH

新たに作成するより、「時計の時間と心の時間」の文章構成を学習した際の提示物を用いることで、既習のつながりをより実感できます。あらかじめ、一年間の説明的文章の指導内容を把握することで、連続性のある授業を展開することができます。

（坪井一将）

3

学びを連続させる授業技術

学びを重ね更新するワークシート

POINT 1

単元の指導事項を基にしたレイアウト

同じ文章を繰り返し読んでいく国語科の授業では、自分の考えがどのような過程を経て形成されていったのかが自覚しにくかったり、学習意欲の持続が難しかったりします。例えば、説明的文章「時計の時間と心の時間」であれば、筆者の意図を解釈するため、様々な事例を基に読んでいきますが、45分では事例と主張とのつながりを読むことが難しいため、複数時間を要します。単元を進めるにあたり、学習のゴールと離れてしまうこともあります。あらかじめ教師が「単元で身に付けさせたい資質・能力」を意識し、単元のゴールをイメージしてワークシートを作成することにより、単元を通じて自分の学びを自覚したり、学習への見通しをもつことができたりします。

POINT 2

前回の自分と比べて振り返る

例えば、教材文「固有種が教えてくれること」では、資料を用いた文章の効果を考え、それを生かして書くことを単元のめあてとして設定します。文章構成や、前単元で学習した要旨、そして資料の効果を書き込めるようなレイアウトにします。一時間の授業でワークシートのどこを取り上げるかは、教師が指示をします。学びの積み重ねが可視化されていることにより、自分がよりよく文章を読めるようになったという実感をもてるようになります。また、毎時間の終末時には、振り返りをシートに書かせます。どのような学習をし、何ができるようになったかを考え、自分の成長を自覚させます。

事例

学びを重ね更新するワークシート

固有種が教えてくれること（小学5年）

資料の効果について学んだページです。

毎時間ワークシートを回収し、次回の見通しをもっていたり、資料の効果に関する見方を更新したりしている部分を価値付け

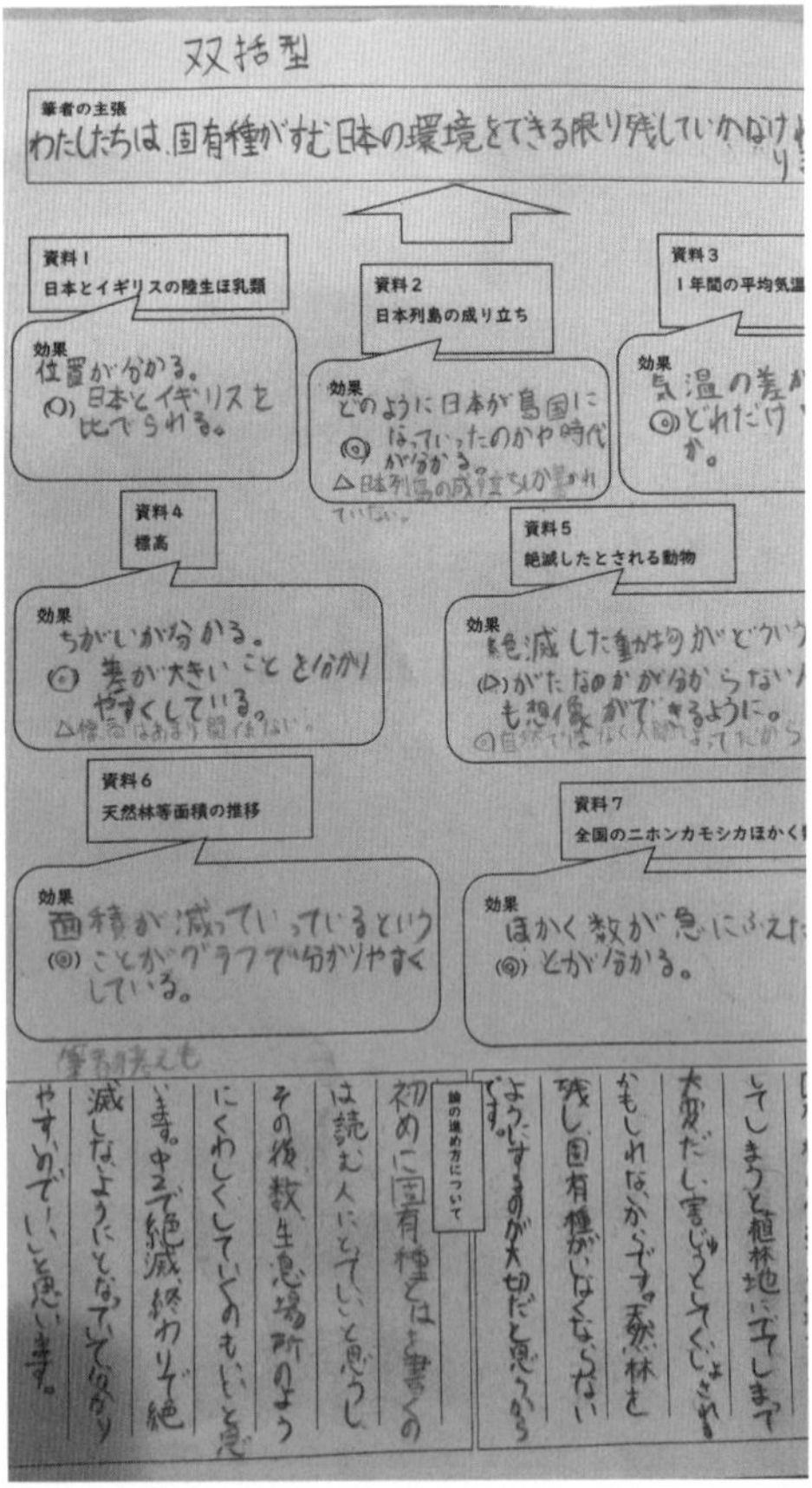

て、学びをつなげていけるように働きかけます。

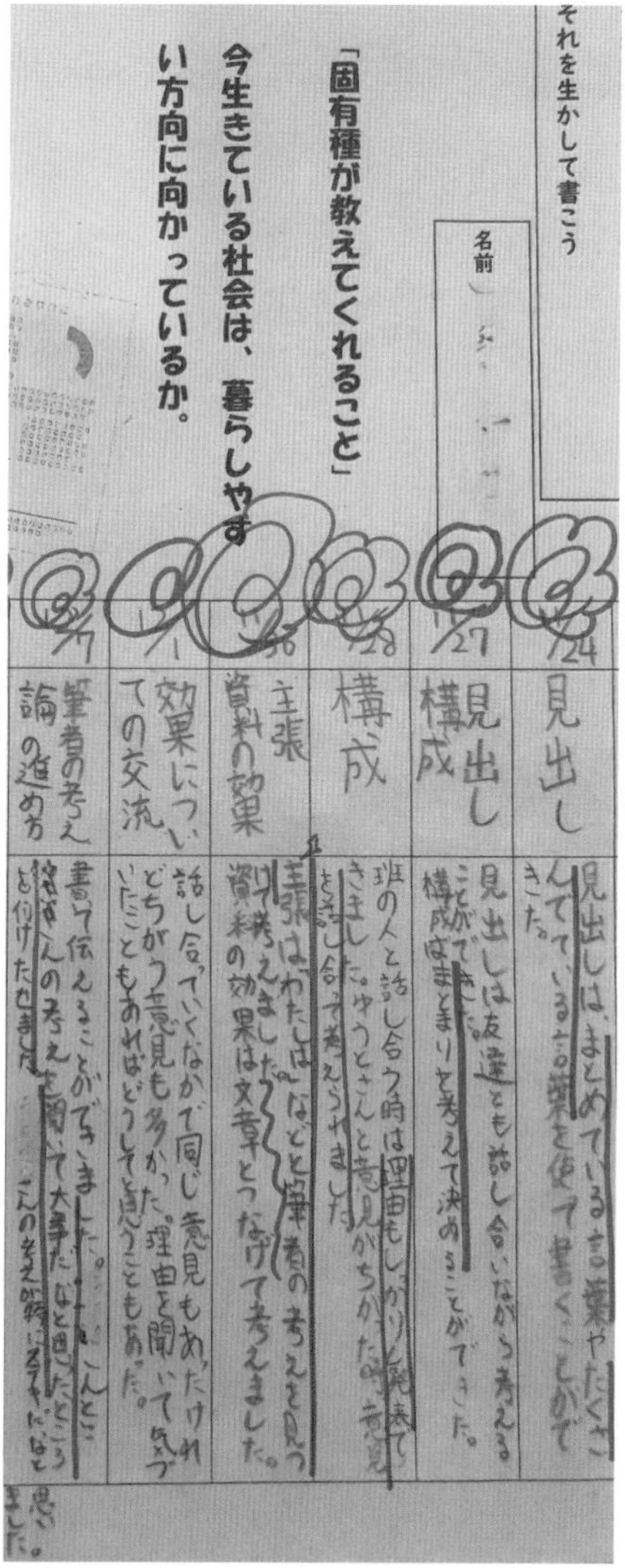
それを生かして書こう
名前
「固有種が教えてくれること」
今生きている社会は、暮らしやすい方向に向かっているか。

WATCH

振り返りでは、学習内容も書かせます。思ったことだけではなく、何を学んだのかを自覚させることで自らが発揮した資質・能力に気付くことができます。

（坪井一将）

学びを連続させる授業技術

4 学びを蓄積するICT活用

POINT 1 シンキングツールの活用

文学作品を読み、魅力だと感じるところは一人一人違います。また、疑問や考えてみたい、話したいと思うところも多種多様です。例えば「やまなし」では、「なぜ題名がやまなしなのか」「なぜ五月と十二月に分かれて書かれているのか」など、子供の反応は様々です。そして、教材の本質にたどり着くまでの思考過程も一人一人違います。教師が着目する文章を提示して魅力に気付かせる授業もありますが、個々で追究する授業スタイルも子供たちに合っている場合があります。そこで、ロイロノートのシンキングツールを活用していきます。シンキングツールを用いて書き出すことで、考えが可視化されていきます。また、提出されたカードを子供たち同士で読み合うことができるので、新たに気付いたことや解釈を書き足したり、自分の考えを書き直したりすることができます。シンキングツールにまとめ、共有し、自分の考えを更新していくことを繰り返すことで、自分の考えをよりよくすることができます。

POINT 2 クラス内での考えの共有と学びの更新

教材文「大造じいさんとガン」を読み、まずはロイロノートのカードに魅力だと感じることを書き出します。初めのうちは感覚として「いいな」や「すごい」と感覚的に思ったことを、一つの内容に対して一枚のカードに書きます。ロイロノート上で共有することで、子供たちは自分と似たようなことを書いている人と関わり、魅力を感じた理由を伝え合います。教師は「交流を通してカードを付け足したりまとめ直したりしていきましょう」と、働きかけます。授業終末には、各自が選択したシンキングツールにまとめたカードを提出し、共有できるようにしておきます。この活動を繰り返すことで、学びが連続していき、授業のたびに自分の考えを更新させていくことができます。

事例 学びを蓄積するICT活用

大造じいさんとガン（小学5年）

物語の魅力を、自分の選んだシンキングツールを使ってまとめ、友達と伝え合う時間を設けました。子供たちは自分がどのように魅力をまとめたか、カードを基に説明したり、気になった考えを書いている人の所へ行って尋ねたりします。

C　「大造じいさんの心情が変わっている」とあるけど、なぜそう思ったの。

C　最初は残雪をうちとることを考えていたのに、仲間のために戦っているはやぶさを見て、銃を下ろしたから。

C　空について書かれている部分が多いよ。表現の仕方が魅力だと思う。例えを使って表現しているところがいくつかあったよ。

C　「東の空が真っ赤に燃えて」とか「雪のようにはらはらと散りました」とか。

C　場面の様子が想像できるところが魅力だと思う。

子供たちは対話を通し、自分が感じた魅力に理由や根拠の文を付け足し、どんどんと学びを積み重ねていきます。

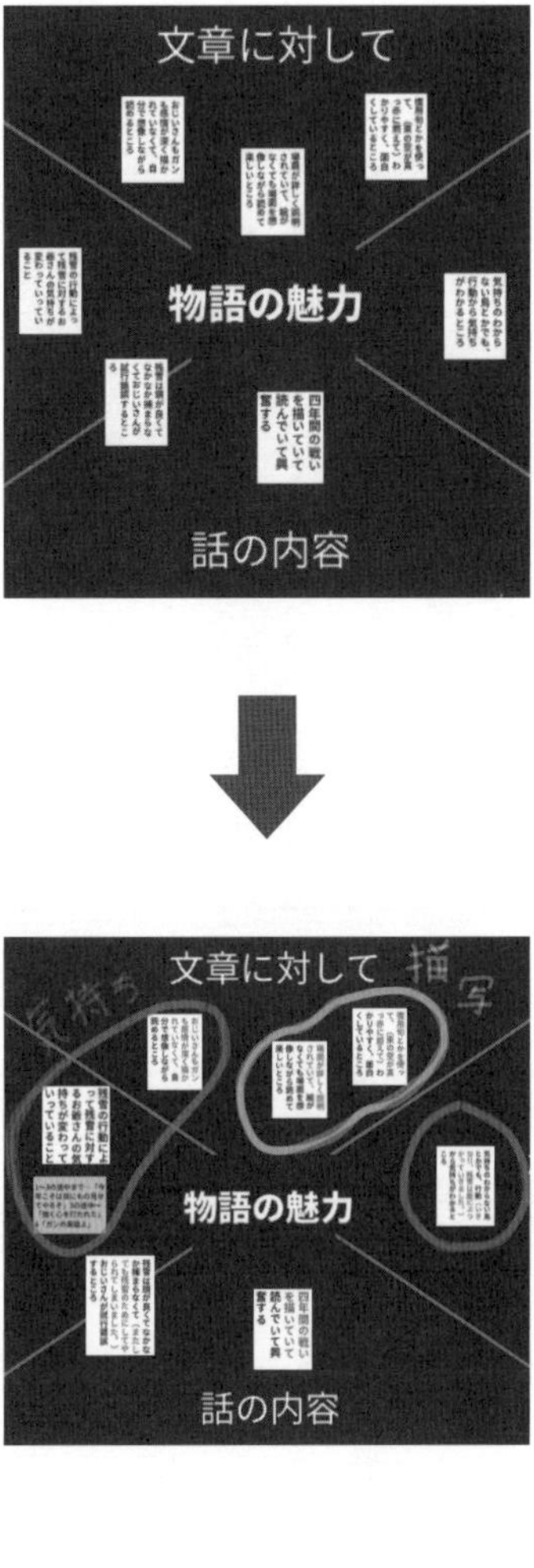

WATCH

魅力を表現できた子供に対して、「なぜ」「どこの文章を読んだの」と個別に話しかけます。同じ魅力を書いたとしても理由や着目した文章が違っている場合、友達同士をつなげてあげると新しい気付きを促すことができます。

（坪井一将）

5

学びを連続させる授業技術

教材と実生活とをつなぐ単元づくり

POINT 1

実生活とつなげて読む

説明的文章では、筆者の文章構成を理解することや主張と事例との関連など、文章の書き表し方に着目して論の進め方や特徴に気付かせることが大切です。さらに、説明文を読むときに、自分の生活と関連付けて読むことにより、より筆者の主張が身近なものになり、理解は実感を伴ったものになります。「時計の時間と心の時間」では、主張を伝えるために複数の事例が紹介されています。教師が「どの事例が分かりやすいかな」と問うと、「最初の事例。好きなゲームをしているときは、時間が過ぎるのが早く感じたことがあるから」などと、子供は実生活とつなげて考えます。事例と実生活をつなぐような働きかけをすることで、教室での学びで終始することなく、自分の生活へと学びをつなげることができます。

POINT 2 筆者の主張を実生活に生かす

ポイント1のように、学んだことを段階的に実生活に結び付けていきます。例えば、教材文「想像力のスイッチを入れよう」では、「事例と意見の関係をおさえて読み、考えたことを伝え合おう」をめあてに設定します。まず、想像力のスイッチを入れるとはどういうことか、四つの事例を基に考え、具体を全員で共有します。その後、筆者の述べる「想像力のスイッチ」を使って実生活にて子供たちの目にも入る情報について考えてみます。具体的には、地方紙一日分を教材として渡します。そこに書かれている見出しに着目させ、筆者の述べている「想像力のスイッチ」を使って読んでみようと働きかけます。教科書の文章ではない、自分の身近な地域の情報に目を向けることにより、教材文と実生活とがつながります。

事例

教材と実生活とをつなぐ単元づくり
想像力のスイッチを入れよう（小学5年）

教材文で学んだ四つの考え方を意識しながら、地方紙の見出しを読み、感じたことや考えたことを伝え合います。

T　筆者が主張している「想像力のスイッチ」を、新聞を読みながら体験してみましょう。

C　「来月も増す家計」とあるけど、来月のことだからまだ分からないと思うよ。

C　「熊出現徘徊」と書いてある。これは事実だけど、どこに出現するんだろう。新聞の見出しは事実が書かれていることが多い気がする。

C　「総踊り　華麗な舞」とある。これは事実と印象が混ざっているね。

C　総踊りがあったことは事実だけど、「華麗な」という部分は書き手の印象になっている。これが、事実か印象かを考えるということだね。

C 「県内火災月間最多」という見出しがあったよ。何が隠れているかなと考えていたら、本文に「スマートフォンの車内置き忘れが原因」とあってびっくりした。

【振り返り】

C 新聞の報道をスイッチを入れて読むと、これってどうなのかな、本当にそうなのかなどと疑問が出てきました。そして、自分なりの考えをまとめることができました。

教材文だけで終わることなく、普段目にする情報に対し、筆者の考えを活用する場を設定し考えることで、「授業で学んだことが実生活にもつながる」という実感を味わうことができます。

WATCH

教材文の特性に応じてどのように活用させるかが大切です。事例を基に説明する、説得力を高めるように資料を用いるなど、学びをどのように活用していくかを教材文と結び付けて構想しましょう。

（坪井一将）

6

学びを連続させる授業技術

学習内容が生かされる単元づくり

POINT 1 四つの学習過程

「読むこと」領域の指導事項は、「構造と内容の把握」「精査・解釈」「考えの形成」の学習過程で説明されており、単元づくりや授業づくりにおいても意識することは欠かせません。単元の序盤に行われる物語の設定確認は、その後の精査・解釈や考えの形成に生かされることになります。同じように、単元の序盤に行われる説明文の構成の確認は、その後の精査・解釈や考えの形成に生かされることになります。

「読むこと」領域においては、学習指導要領で示された学習過程を参考に、つながりのある単元構成を心がけていきます。

POINT 2

前時までの学習成果を本時に持ち込む

教材文が同じだからといって毎時間を新しい発問や課題で進めていくと、学びは連続していきません。前時までの学習と本時の学習に、明確な接点ができるように工夫する必要があります。

そこで、前時までの学習成果を本時に持ち込むのです。例えば、前時までに捉えた場面の内容について、「どの場面で中心人物の気持ちが変化したか」を問うような学習が考えられます。子供は、必然的に前時までの学習を振り返りながら本時の学習に取り組みます。学習を進める中で、前時までに捉えた場面の内容が捉え直されることもあるかもしれません。このように前時の学習内容と、本時の学習内容とを往還して学ぶことで、子供自身が単元のつながりを実感することができます。

事例　学習内容が生かされる単元づくり

たずねびと（小学5年）

物語の設定や場面の大体を確認した後、登場人物である綾の心情を具体的に想像する授業の実際です。授業冒頭では、短冊にしてある1から8場面の見出しを黒板に提示し、8場面にある、着目させたい場面の様子が書かれている部分を抜き出し、発問をしました。

T　8場面に「昼すぎに、この橋をわたったときには、きれいな川はきれいな川でしかなかった。」とあります。今見ている川は違う川なのでしょうか。

C　同じ川なんだけど、その川に対する思いが変わったんじゃないかな。

T　**皆さんは、何場面の出来事が綾の川に対する思いを変えたと思いますか。ここかなという場面にネームプレートを貼りましょう。**

C　5場面から後だと思う。広島に行ってから変わったと思う。

C　5場面だと思います。戦争の悲惨さを知ったからです。

C　６場面で、亡くなった人は確かに実在していることを知ったから変わったと思います。

C　８場面でおばあちゃんの思いを知ったことが綾の思いを変えたと思います。

C　おばあちゃんの影響が強いんじゃないかな。綾は「そんなことを考えたこともなかった」と思っている。

C　様々な場面の出来事で、綾の気持ちが変わっていったんだね。

子供たちは前時までに作成した見出しを基に場面を選択し、文章に立ち返って追究することができます。捉えた場面の内容が精査・解釈で活用されたり、考えの形成の根拠になったりします。

WATCH

子供たちが創り上げた読みを残しておいたり、教室に掲示したりして、授業で積極的に活用しましょう。学びが更新されていくことを実感させることで、より連続性のある授業展開にすることができます。

（坪井一将）

子供の問いで展開する授業技術

子供の問いで展開する授業技術

1 初発の感想の交流

POINT 1 観点を与えて感想を書かせる

子供の問いで単元を展開するために、初発の感想を書き、交流することは重要です。しかし、「初発の感想を自由に書きましょう」と指示しただけでは、何を書いていいか分からず戸惑う子供がいます。また、自由に書かせることで子供たちの考えが拡散しすぎて、今後の学習の方向性を定めることが難しくなることも考えられます。

そこで、初発の感想を書くための観点を与えます。観点は、どの教材でも同じではなく、その教材のもつ特性によって変えます。例えば、「スーホの白い馬」のように感動する物語なら、「心に響いたところ」、「モチモチの木」のような主人公が変容する話なら「主人公について思ったこと」などです。また、「疑問に思ったこと」「みんなで考えたいこと」

なども観点として入れておくとよいです。

POINT 2 感想のズレに着目させる

ポイント1のように、観点を示して書かせた初発の感想を交流する際には、ズレに着目させます。つまりは、友達の感じ方と違うところです。例えば、「モチモチの木」では、ポイント1で示した「主人公について思ったこと」を観点に感想を書いています。すると、「豆太は臆病だと思った」という感想をもつ子供がいます。一方で、「豆太は勇気があると思った」という感想をもつ子供もいます。このような感想のズレに着目させることで、「豆太は臆病なのか、勇気があるのか」という問いが子供たちの中に生まれます。単元を通して追究できるような問いです。このようなズレに着目させるためにも、「違う感じ方をした人はいないかな」と問い返したり、子供の感想を観点ごとに整理して板書したりすることも大切です。初発の感想を交流し、問いを検討することで、個々の読みや観点が明確になり、学習の方向性を見出すことができるのです。

教材に没入させる
学びを連続させる
子供の問いで展開する
学ぶ必然性を生む
自己決定を促す
子供の思いを引き出す
全員参加を実現する
対話・協働を促す

事例 初発の感想の交流

ごんぎつね（小学4年）

子供たちは、一読後「心に残ったこと」「疑問に思ったこと」を観点に、初発の感想を書いています。

T 「ごんぎつね」を読んでどんなところが心に残りましたか。

C 最後にごんが撃たれて死んでしまうところが心に残りました。

C うなぎの償いに、栗や松茸などをあげていたのに、最後撃たれてしまってかわいそうでした。

C 私はごんは悲しかったと思います。栗や松茸をこっそり置くのではなくて、兵十に直接渡せばいいのにと思いました。

C 兵十は、ごんが償いをしていたのになんで撃つの、ひどいなと思いました。

T ごんが撃たれた場面が心に残っている人が多いですね。ごんがかわいそうだと思っている人も多くいますね。**この場面で違う感じ方をした人はいませんか。**

C　私はごんは撃たれてかわいそうとも思ったけれど、最後にうれしかったんじゃないかなと思います。

C　どうして撃たれて死んでしまっているのにうれしいの？

C　お礼は言われていないけれど、兵十が分かってくれたからうれしいと思います。

T　かわいそうと思っている人も多いけれど、うれしいと思っている人もいるね。**ごんは最後にどんな気持ちだったんでしょう。**これから考えていきましょう。

このように感想のズレに気付かせることで、「最後の場面でごんはどんな気持ちだったんだろう」と子供たちが問いをもって追究していきます。

WATCH

ここでは子供たちから様々な感想が出てくることが予想されます。場面ごとに分けたり、「兵十に関すること」と「ごんに関すること」で分類したりして板書によって整理することで感想の違いが見やすいようにしましょう。

（平野俊郎）

2

子供の問いで展開する授業技術

「あなただったら〜」で問う発問

POINT 1

物語の矛盾に気付かせる

物語を読んでいると、登場人物の行動に「あれ?」「どうしてだろう?」と疑問に思うことがあります。そのような引っかかりが、問いをもち追究するきっかけになります。物語には、一見すると矛盾した行動を取る登場人物の姿が描かれています。例えば、「海の命」では、中心人物である太一は、瀬の主をずっと追い求めていましたが、やっと瀬の主を見つけたときにうちませんでした。多くの子供は、太一の行動に矛盾を感じ、「なぜ太一は瀬の主をうたなかったのだろう」と問いをもちます。このような作品は、子供が自ら矛盾に迫ることができているので、あえて問う必要はありません。しかし、子供が矛盾に気付かずに通り過ぎてしまう作品もあります。

そこで、登場人物の行動の矛盾に気付かせるために、「あなただったらこの場面でどう行動する?」と問います。そう問うことで、自分と登場人物の行動を比較させるのです。すると子供は、登場人物が自分とは違う行動を取っていることに矛盾を感じ、問いをもちます。例えば、「スーホの白い馬」で、白馬がスーホの羊を守るためにおおかみと戦う場面があります。この場面で、「あなたが白馬だったら、おおかみと戦いますか」と問います。「もし戦ったら死んでしまうかもしれない」「おおかみの方が強いから戦えない」と多くの子供がおおかみと戦わないと言うでしょう。すると、おおかみと戦った白馬の行動に矛盾を感じ、問いをもって考え始めるのです。

POINT 2 登場人物の行動と比較させる

「あなただったら」と問うことは、自分の知識や経験と結び付けて考えることになります。子供たちから多様な考えが出てきて話し合いも盛り上がります。しかし、大切なことは、「登場人物の行動はどうだったか」と叙述に戻り、比較することです。子供に知識や経験を想起させたことが、登場人物の心情の理解につながります。

事例

「あなただったら〜」で問う発問

ごんぎつね（小学4年）

子供たちは、ごんが兵十と加助の会話を聞き、栗や松茸をあげているのが、ごんではなく神様のおかげだと思われていること、それに対して引き合わないと思っていることを捉えています。

T　ごんは、栗や松茸をあげているのが自分ではなく、神様のおかげだと思われていることを知って、どのように思っていますか。

C　つまらないと思っています。

C　引き合わないと思っています。

T　**あなただったら、次の日も栗や松茸を持っていきますか。**

C　私は持っていきません。神様のおかげだと思われているなら、あげても意味がないと思うからです。

C　ぼくも持っていきません。栗や松茸を集めるのに苦労しているのに、気付いてくれないのは辛いと思うからです。
C　ぼくは、持っていきます。兵十に少しでも償いがしたいからです。
T　持っていかないと考えている人が多いようですね。実際、ごんはどうしたのかな。
C　次の日もくりを持っていきました。
T　ごんは、みんなとは違う行動を取っていますね。
C　なんで引き合わないと思っているのに次の日も栗を持っていったんだろう。

自分の取るであろう行動と比較させることで、引き合わないと感じているにもかかわらず、次の日も兵十の家へ行くごんの行動の矛盾に気付かせていきます。

WATCH
自分の知識や経験と結び付けて話すので、叙述から離れた発言もあると思います。そのような発言も受け止めながら、最後は「ごんはどう行動したのか」と問うて、自分の行動と比較するように促します。

（平野俊郎）

3 本文の一部を改作した教材文の提示

子供の問いで展開する授業技術

POINT 1 指導事項に合わせて着目させたい言葉を改作する

子供たちは、授業で何度も同じ物語を読みます。物語を初めて読んだときは、様々に問いをもつでしょうが、繰り返し物語を読み大体の内容も分かると物語に何の違和感も感じなくなります。すると、自ら言葉や文に問いをもってこだわりながら読む姿が見られなくなります。そこで、本文の一部を改作したり、順序を入れ替えたり、削除したりして提示します。そうすることで、子供は「あれ?」「おかしいな」と違和感を感じ、言葉や文に着目するようになり、問いをもつようになるのです。しかし、どこでも改作したらよいというわけではありません。指導事項に合わせて、着目させたい言葉や文を改作するようにします。例えば、スイミーなら、「ある日、おそろしいまぐろが、おなかをすかせて、すごいはやさで、新幹線みたいにつっこんできた。」と提示します。子供たちは、すぐに「新幹線ではないよ、ミサイルだよ」と反応します。「どうして新幹線だとだめなの」と問い返します。「新幹線も速いけれど、ミサイルより遅いでしょ」「新幹線だと恐くないよ。ミサイルだと恐い感じがするよ」とまぐろの速さや恐さに着目した発言が返ってくるでしょう。そのような発言を価値付け「まぐろの速さ、恐さをミサイルに例えているんだね」と、比喩について指導します。このように一部を改作することで、子供が「おかしい」と問いをもって、言葉に着目し始めるのです。

POINT 2 指導事項について考えられるように問い返す

一部を改作して提示すると、子供は間違い探しのように盛り上がります。しかし、正誤の確認だけで終わっていてはクイズと変わりません。その後に、ポイント1で示したように、「どうして○○だとだめなの」「○○と△△は、どう違うの」など、理由を確認したり、表現を比較させたりする問い返しが大切です。そうすることで、子供たちが指導事項について考えられるようにしていくのです。

事例 本文の一部を改作した教材文の提示

おおきなかぶ（小学1年）

子供たちは、かぶを引っ張る様子やかぶが抜けなかったときの気持ちを動作化しながら想像して読んでいます。本時は、かぶが抜ける場面を中心に読みます。

T これまで、かぶをみんなで引っ張ってきましたが、なかなか抜けませんでしたね。では、最後の場面を先生が読むので聞いてください。
「かぶをおじいさんがひっぱって、おじいさんをおばあさんがひっぱって、おばあさんをまごがひっぱって、まごをいぬがひっぱって、いぬをねこがひっぱって、ねこを**くま**がひっぱって　うんとこしょ、どっこいしょ……」

C くまではなくて、最後に呼んできたのはねずみですよ。

T でも、かぶがなかなか抜けなかったんだから、**力の弱いねずみより力の強いくまの方がいいと思いませんか。**

C　確かにくまがいいよ。力が強いから一気に抜けるよ。
C　くまはおかしいよ。だって、くまは力が強いから一人で抜けるよ。
C　かぶが一人で抜けたら、お話がおもしろくないよ。
C　くまは大きさが大きすぎるよ。階段みたいに並んでいたのに。
T　階段みたいに並んでいるとは、どういうことですか。
C　おじいさんからねずみまでだんだん体の大きさが小さくなっているということだよ。
C　そうそう、だからねこより体の小さいねずみがぴったりなんだよ。

このように一部を改作することで、「あれ？」と問いをもち、今まで目を向けていなかった順番に着目して考え始める姿が見られます。

WATCH

低学年は、言葉だけではなかなか理解ができない子供もいます。改作するときも挿絵を提示するなどして、イメージがもてるようにしましょう。

（平野俊郎）

4

子供の問いで展開する授業技術

読みのズレが見える「気持ちメーター」の活用

POINT 1

「気持ちメーター」で登場人物の心情を可視化する

物語文の学習において、登場人物の気持ちを想像して考えることは必須の学習です。しかし、子供たちにとって登場人物の気持ちは見えづらく、表現しづらいものです。特に語彙の少ない低学年はなおさらです。国語が苦手な子供にとっては、ハードルの高い学習となります。そこで、見えづらい登場人物の気持ちを可視化するために「気持ちメーター」を活用します。「気持ちメーター」は、中心人物の心情をプラスからマイナスまで四段階程度で示したものです。授業で「この場面の〇〇の気持ちをメーターに

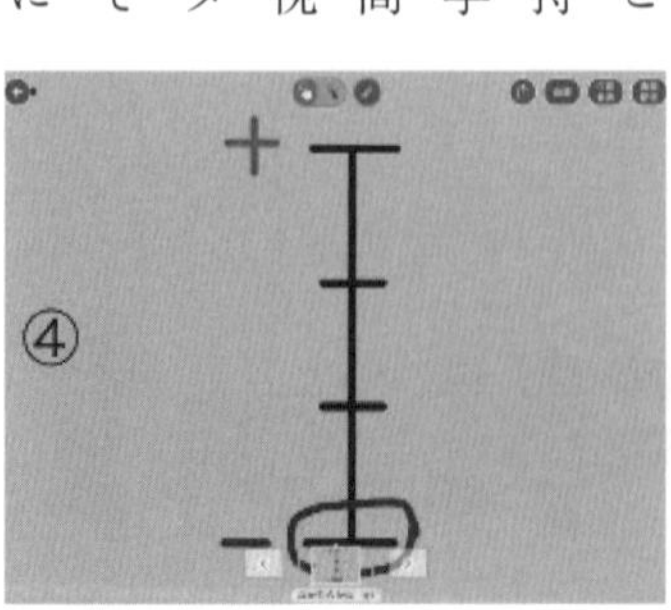

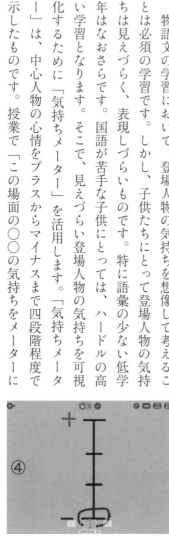

表してみよう」と投げかけてメーターに表させます。メーターに表すためには、その場面で登場人物がどのような気持ちだったのかを読み取る必要があります。だから、メーターには、個々の読みが表れます。個々のメーターを学級で共有することで、友達との読みのズレが明確になります。そして、「なぜそのように表したのだろう」と問いが生まれるのです。

POINT 2 「気持ちメーター」はシンプルにする

気持ちメーターの段階の数は、物語の内容や学級の実態に応じて設定するとよいと思いますが、あまり数が多すぎると交流した際にズレが見えづらくなります。大切なのは、個々の読みにズレがあるということに子供たちが気付くことです、だから、共有した際に、一目でズレが分かる程度にシンプルに設定するとよいでしょう。ポイント1で示したようにズレに気付くと、子供は問いをもちます。そして、友達の理由が聞きたくなります。「この場面の○○の気持ちを話し合いましょう」と指示をすることもなく、子供たちから登場人物の気持ちを話し合うようになるのです。

事例

読みのズレが見える「気持ちメーター」の活用

スーホの白い馬（小学2年）

子供たちは、これまでにスーホと白馬の関係を読みながら、各場面のスーホの気持ちを「気持ちメーター」で表しています。本時は、最後の場面について考える時間です。

T 今日は、最後の場面のスーホの気持ちを「気持ちメーター」に表しましょう。

C 僕はこのように表したよ。

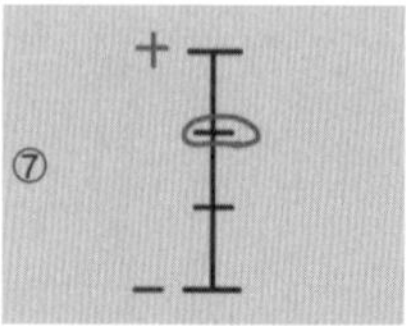

C 私のメーターは、こうなったよ。

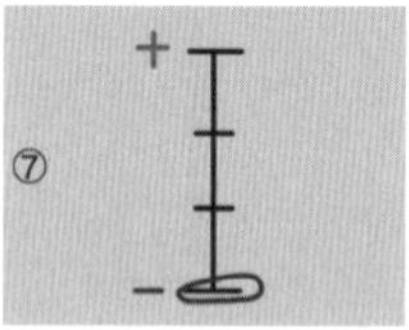

T みんなが表した「気持ちメーター」を共有しましょう。

C　全然違うね。プラスと考えている人もいるし、マイナスと考えている人もいるね。

C　これまでの場面は、こんなにみんなのメーターが違うことはなかったよ。

C　この場面のスーホの気持ちは、プラスなのかな、マイナスなのかな。

C　僕はマイナスだと思うよ。だってスーホは白馬とずっと一緒にいたかったのに、白馬は死んでしまったよ。

C　私はプラスだと思うよ。だって、馬頭琴になってスーホと白馬はずっと一緒にいるよ。

この場面のように、中心人物の気持ちが変化する場面を気持ちメーターで表させると個々の読みのズレが見え、問いが生まれやすくなります。

WATCH

「気持ちメーター」は、タブレット端末を活用し、データとして蓄積していくのもよいでしょう。授業の初めと終わりで表し、自分の考えの変化を見ることもできます。また学級での共有もしやすくなります。

（平野俊郎）

子供の問いで展開する授業技術

5 個々の問いを追究する単元づくり

POINT 1 単元を貫く問いを設定する

個々の問いを追究しながら単元を進めていくためには、目指すべきゴールが必要になります。それが単元を貫く問いです。単元を貫く問いとは、子供たちが単元を通して考え続ける問いです。また、その問いを解決することができれば、単元の目標を達成できるような問いです。そのような単元を貫く問いを子供とともにつくり、その問いを解決することに向かって個々に追究していく単元をつくります。では、どのように単元を貫く問いをつくればいいのでしょうか。まずは、単元で身に付けさせたい資質・能力をしっかり意識する必要があります。例えば、登場人物の変容を捉えることが身に付けさせたい資質・能力なら、変容に関わる問いを設定します。しかし、物語を初めて読んだ段階では、子供たちからそのような問いが出てくるとは限りません。まだ物語を読めていない状態だからです。そこで、あらすじを交流したり、物語の設定（時・場・人物）などを確認したりと、読みのベースをつくった上で、単元を貫く問いを子供とつくります。例えば、「大造じいさんとガン」なら、大造じいさんの変容に着目させます。しかし、変容した理由は明示されていません。そこで、変容の理由が明示されていないことを子供と共有した上で、「なぜ、大造じいさんは、残雪を捕らなかったのか」を単元を貫く問いとします。

POINT 2 追究する視点を決めて子供に委ねる

単元を貫く問いが設定できたら、その問いを解決するために、どのように追究していくかは子供に委ねます。身に付けさせたい資質・能力に応じて、「表現」「登場人物の変化」「人物像」など追究する観点を決め、個々に問いを立てて追究していきます。追究する観点ごとにグループを組んでもいいでしょう。教師は、個々の問いを一覧にしたり、子供の困り感を全体に返したりして、子供が追究しやすい環境をつくります。子供に委ねることで、個々の問いで展開する単元が生まれます。

事例　個々の問いを追究する単元づくり

やまなし（小学6年）

子供たちは、これまでに「やまなし」のあらすじや設定（時・場・人物）を捉えています。本時は、単元を貫く問いを考える学習場面です。

T　「やまなし」を読んで考えた疑問や感想を出し合いましょう。

C　「クラムボン」「イサド」って何だろうと疑問に思いました。

C　「かぷかぷ笑う」「もかもか集まりました」とか、オノマトペがどんな様子を表しているかがよく分かりませんでした。

C　最後にしか出てこない「やまなし」が題名になっているのも疑問でした。

T　これまで学習してきた物語と「やまなし」と大きく違うところはどこですか。

C　今までの物語は、登場人物の変容が分かったけど、登場人物のかにがどう変容しているかがよく分かりませんでした。

C 分からない表現が多い物語だと思います。

C これまでの物語と比べても何を伝えたいのかがよく分かりませんでした。

C 確かに。そう思います。何を伝えたいんだろう。

T これまでの物語と比べても「やまなし」で何を伝えたかったのかを考えていきましょう。

T これまでの物語と比べても**分からないことが多い**物語のようですね。この分からないことを解決して、「やまなし」で何を伝えたかったのかを考えていきましょう。

「やまなし」は、とにかく分からないことの多い教材です。その分からなさを多く出し合い、共有することで、「何を伝えたいのか」という単元を貫く問いにつなげます。

WATCH

子供から出てきた分からなさを「表現」「題名」「登場人物について」など、分類・整理していくと、次時からの個々に問いを立てたり、追究したりする際の視点になります。子供の発言を意図的に整理して板書をするなどして、子供たちが追究の視点に気付けるようにしていけるとよいでしょう。

（平野俊郎）

6 子供の問いで展開する授業技術

個々の問いを集団の問いにする交流

POINT 1 問いをグループで整理する

物語を読むと、子供たちは様々な問いをもちます。これまでの読書経験や知識も違うわけですから、子供によって多様なレベル、多様な観点で問いが出てきます。子供がもった問いは、授業でできる限り扱っていきたいのですが、全てを扱うことはできません。そこで、グループで個々の問いを検討しながら整理していきます。整理をするためには、観点が必要になります。次のような観点を示します。**「すぐに解決できる」「解決できない」「みんなで話し合いたい」**の三つです。すぐに解決できる問いは、おそらく本文を読めば解決できる問いなので、話し合いながら、その場で解決していきます。すぐに解決できる問いについて考えることで、読み間違えていたり、読みが足りなかったりするところが補われていきます。解決できない問いは、本文を読んでも想像することのできない問いです。例えば、「なぜ、ごんという名前なのか？」という問いは、本文を読んでも解決することはできません。解決できる根拠がないからです。子供はそのような問いももちます。すぐに切り捨てるのではなく、検討することが大切です。みんなで話し合いたい問いは、誰が読んでも答えが一つにならずに様々に解釈することのできる問いです。例えば、「一つの花」の、「なぜ、お父さんはコスモスを一輪だけ渡したのか」という問いは、様々な解釈ができます。様々な解釈があるからこそ、みんなで話し合う必要性があるのです。個々の問いを整理しながらグループで検討することで、みんなで話し合いたい問いが残っていくのです。

POINT 2

問いをもった背景を話し合う

問いを検討するときには、問いをもった背景についても話し合います。「なぜ、疑問に思ったのか」「なぜその問いを解決したいのか」「その問いを解決すると何が分かるのか」そのような背景を話し合うことで、一人の問いが他の人の問いともつながっていることに気付いていきます。

事例　個々の問いを集団の問いにする交流

海の命（小学6年）

子供たちは、「海の命」を読んで、設定やあらすじなど大まかな内容は捉えています。また、個々に問いを考えています。

T　個々に考えた問いをグループで、「すぐに解決できる」「解決できない」「みんなで話し合いたい」に整理しましょう。

C　どうして太一は、二十キロのクエを見つけても興味を示さなかったのかな。

C　それは解決できると思うよ。だって、太一が追い求めていたのは、そんなクエではなくて、父の命を奪ったもっと大きなクエだからだよ。

C　与吉じいさが「海に帰った」というのは、どういうことかな。

C　与吉じいさも父と同じように海の恵みをいただいて、海のおかげで生きることができていたから、海で生きて、死んだら海に帰るという意味だと思うけど、みんなで話し合ってもいいかもね。

C 私は、太一がなぜクエをうたなかったのかが一番の疑問だよ。

C 私も同じ問いをもったよ。太一はずっと追い求めていたのにどうしてかなと疑問に思ったよ。

C この問いは、題名の「海の命」とも関わってくると思うよ。だって「瀬の主はこの海の命と思えた」と、あるからね。

C 海の命が何かが分かるかもしれないから、みんなで考えたい問いだね。

このように、個々の問いを三つの観点で整理しながら検討することで、みんなで考えなければいけない集団の問いが絞られていきます。

WATCH

グループによっては、個々の問いをあまり考えずに「すぐに解決できる」「解決できない」に分けてしまうこともあります。教師が様子を見て、「根拠はどこにありそうかな」「本当に解決できないかな」と、再度考えることを促すとよいでしょう。

（平野俊郎）

学ぶ必然性を生む授業技術

学ぶ必然性を生む授業技術

7 物語と現実とを比較させる発問

POINT 1

物語世界と現実世界の接点を明確にする

物語には、時代背景、周囲の環境、状況、人物など、様々な事柄が設定されています。このように設定された事柄によって、その物語らしさが形づくられているのです。そして、そこには読者の生きる現実世界との接点が含まれています。「ごんぎつね」であれば、「ひとりぼっち」という状況、共通点のある他者（兵十）に親近感を覚えるということは、現実世界で経験している子供がいるはずです。

このような物語世界と現実世界の接点を、教師が教材研究の段階で明確にしておくのです。そして、授業では、そのような接点を子供が共有できるようにします。先の「ごんぎつね」の例であれば、「みんなもひとりぼっちになっちゃったこと、あるかな」などと子供の経験に働きかけるのです。

このように、教師も子供も、物語世界と現実世界の接点を明確にすることが大切です。そうすることで、「では、私たちと人物の違いはどこだろう」と、より深い比較の思考が促されていきます。物語世界と現実世界との比較を促すことで、教材を深く読む必然性が生まれてくるのです。

POINT 2 経験を可視化し蓄積させておく

ポイント1のように、物語世界と現実世界の接点を明確にするためには、現実世界における経験を想起する必要があります。しかし、「そんなことあったっけ」「私はないなあ」などと、うまく想起できない子供もいます。すると、この子供たちには、学ぶ必然性が生まれません。そこで、物語世界との接点になりうる経験を、意図的に強調しておくことが大切です。例えば、総合的な学習の時間で経験させたり、道徳の教材で考える機会をつくっておいたりするのです。そのようにして強調した経験は、言語化させたり、写真を撮らせたりしておきます。

事例

物語と現実とを比較させる発問

お手紙（小学2年）

子供たちは、生活科の「町探検」にて、地域の商店を訪問しています。そして、お礼の手紙を書いた経験をもっています。「お手紙」は、前時までに繰り返し音読し、内容の大体を捉えています。

T　「お手紙」のかえるくんは、かえるだからみんなと全然違うんだけれど、一つだけみんなと同じことをしているよね。
C　お手紙を書いてることが同じ！
C　ぼくたちも、町探検で行ったお店にお手紙書いたよ。
T　そうだね。みんなもお手紙書いたからいっしょだね。
C　えー、でもぼくたちはポストに入れたからそこは違うよ。
T　あ、お手紙を書いたことは同じだけど、その中にも違いがあるんだね。

C　先生、他にも違うところあるよ。
T　**かえるくんのお手紙は、みんなとどこが違うのかな。**
C　かたつむりくんに渡しているところが違うよ。
C　たしかに。でも、このお話ではかたつむりくんが郵便屋さん的な感じだから、人に持っていってもらうっていうことは同じ。
C　他にも、お手紙出した後に、すぐ家に行ってるところが違う。
C　本当だ。お手紙届くまで一緒に待ってるね。

右のような発話の共有を図っていくことで、かえるくんががまくんと手紙を待っていたことを追究する必然性を生むことができます。

WATCH

ここでは、子供たちから様々な「違い」が出されてくるはずです。「手紙に絵を描いていない」など、本質に向かわない気付きも出てくるでしょう。教師は焦らず受け止めながら、発話例に書いたような本質的な気付きを取り上げていきます。

（中野裕己）

学ぶ必然性を生む授業技術

2 学習の過程を共有するICT活用

POINT 1

結果ではなく、過程を共有する

ＩＣＴ導入以前の「共有」は、様々に考えを巡らせた結果を文章にまとめ、口頭で伝え合うような形式が主でした。ＩＣＴが導入された現在は、様々に考えを巡らせる過程を常に共有し続けることが可能になりました。いわゆる「共同編集」です。自分の端末で、誰かが編集している途中のデータをリアルタイムで見ることができるのです。

過程を共有するメリットは、考えが固定される前に新たな刺激を受けることができるということです。一度、考えを文章にまとめてしまうと、どうしてもそれを固定しようという気持ちが生まれます。すると、他者の異なる考えに出合っても、柔軟に受け入れることが難しくなってしまいます。一方で、自分の考えが不安定な状態で、他者の異なる考えに出合うことができれば、それを取り入れやすくなるのです。つまり、過程を共有することで、自分の考えを高める必然性を得ることになります。

POINT 2 必要な情報を見えやすくする

過程を共有するにあたっては、互いの学習状況を理解し合うことができるように、形式を工夫します。下図では、画面が四つのスペースに区切られており、一人が一つのスペースを使用しています。どのスペースにも「課題（問い）」「情報集め」「整理・分析」「まとめ」という追究の順序が示されているため、お互いがどの地点で学んでいるかを一目で分かり合うことができます。

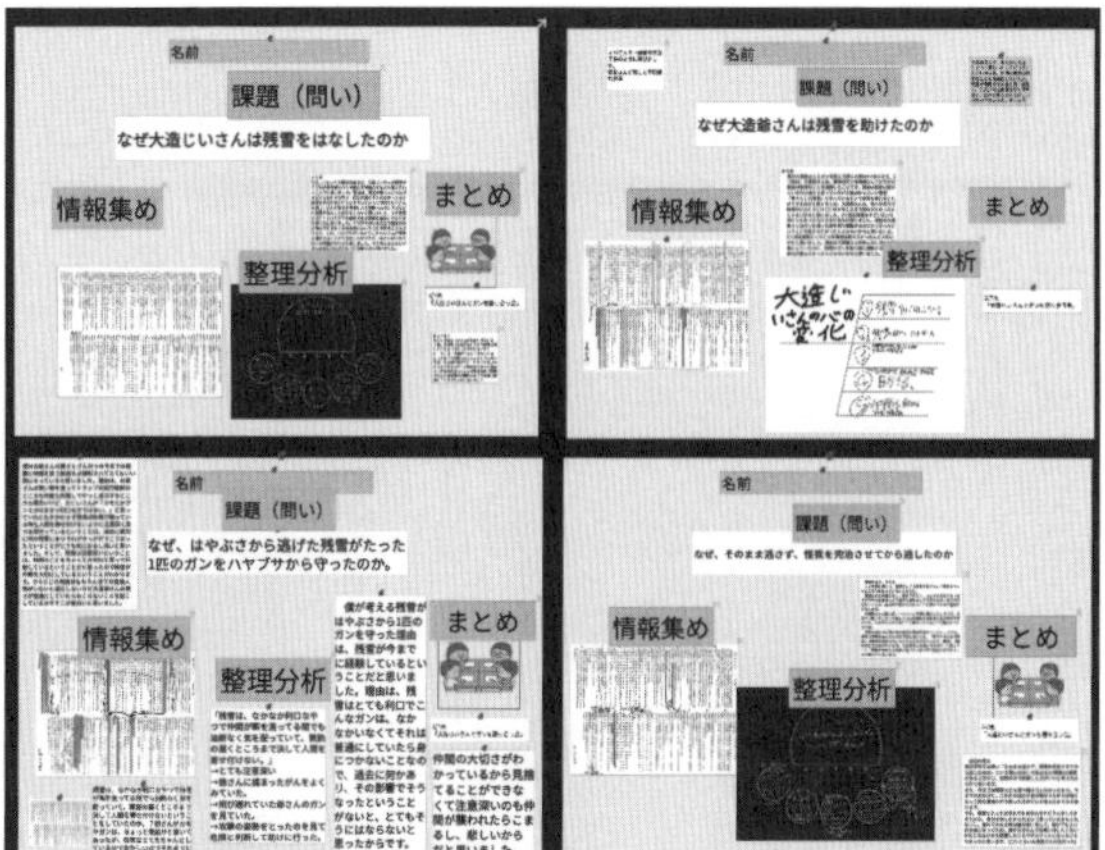

共同編集の画面（ここでは、自分を含めて四名の学習の様子を見ることができる）

事例 学習の過程を共有するICT活用

大造じいさんとガン（小学5年）

子供は、「大造じいさんとガン」の魅力を捉えることを目的として、それぞれが課題（問い）を設定しています。なお、課題（問い）を明記すること、端末上で叙述に線を引いて必要な情報を集めること、シンキングツールを使って整理・分析することを、共通の約束事としています。

子供は、タブレット端末を使って、図のように自分なりの追究を進めています。この子供は、「なぜ大造じいさんは途中で考えが変わり、残雪を逃したのだろうか」という課題（問い）を設定していました。そして、情報集めとして端末上で文章に線を引き、整理・分析として線を引いた叙述の関係性をシンキングツールにまとめています。

このように追究を進める中で、この子供は、まず課題（問い）の設定の時点で他者のシートを参照している様子がありました。また、情報集めでは、設定した課題（問い）が類似している他者のシートを参照している様子がありました。そして、最終的には次のように考えをまとめていました。

大造じいさんは、どっちが有利とか、そういうことをなくしたかったのではないかと想像しました。必死に闘う残雪を見て考えが変わったという見方もできると思います。私と似た問いで学習している人の多くも、この場面に注目していました。残雪もすごい鳥ではあるけれど、そのすごさを見抜いた大造じいさんもすごい狩人だと思いました。

WATCH

どの子供のシートを参照するかは、基本的に子供に委ねます。ただし、教師が全体で共有すべきと判断したものは、教師が明示して解説することも大切です。

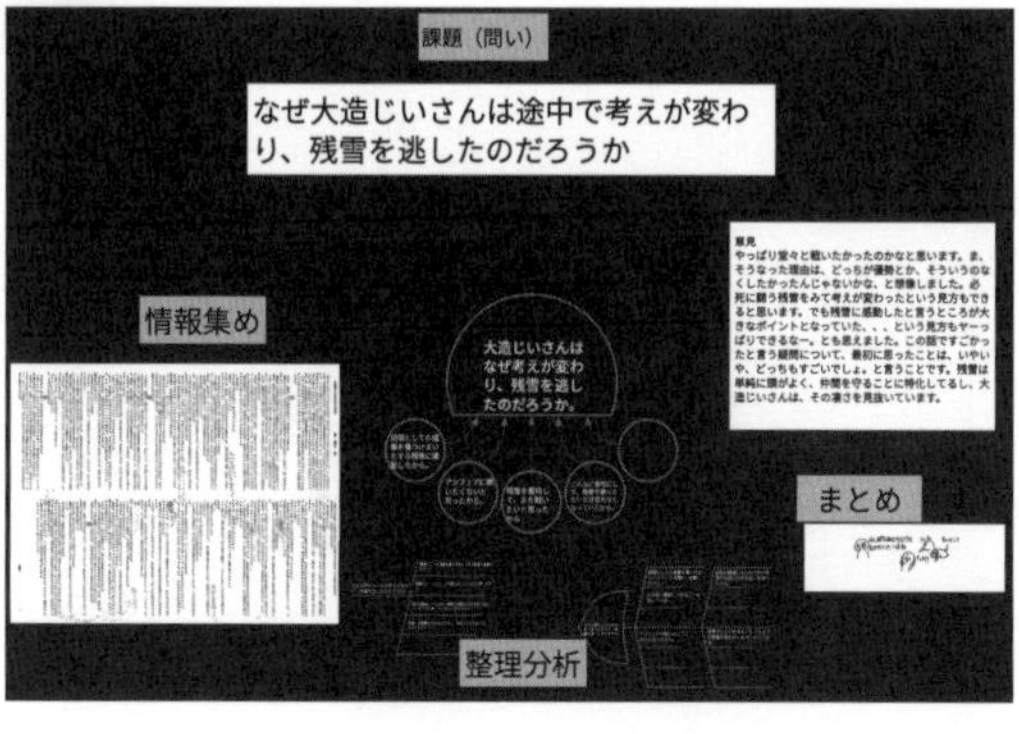

（中野裕己）

学ぶ必然性を生む授業技術

3 一部（挿入資料）を隠した教材提示

POINT 1

資料がない場合の困り感を共有し、課題を立ち上がらせる

説明文教材には、資料が挿入されています。資料は、写真、表、グラフ、地図など、学年の発達段階に応じたものが使用されます。これらの資料は、本文と結び付いて書かれている内容を補ったり、書かれている内容の確認ができたりします。時には説得力を高める効果も発揮されます。子供は、文章とともに資料を目にしながら、資料の効果を無意識の内に受け取っていたのではないでしょうか。そこで、その資料を隠して教材を提示します。隠されることで、子供の課題意識は資料に焦点化します。また、資料なしで読んでみることで、内容が読み取りづらく困り感が生まれます。その困り感を共有することで、文章だけでは伝わりづらい部分や、資料がないことによる読み手の捉え方の違いが明らかになり、

子供は資料の必要性を実感することができます。

このように、資料を隠すことで子供は、資料の必要性を感じ、資料に関わる課題が立ち上がってきます。

POINT 2 小出しに資料を提示し、課題解決に向かう

ポイント1のように、資料の必要性を実感した子供は、課題解決に向け、どのような資料が挿入されているか期待が高まります。そのタイミングを捉え、資料を提示していきますが、一気に提示よりも、小出しにすることをおすすめします。その資料によって、読みの困り感はどう解消されたのか、本文のどこと結び付いているのかの検討ができ、資料の効果を感じられるからです。ここに課題解決へと向かう学びの必然性が生まれます。

なお、タブレット端末を用いることで、資料の提示をカラーで行うことができます。さらに、アプリを使用することで、色ペンで本文と資料とを結び付けることができ、本文と資料の関連が視覚的にもはっきりします。

事例

一部（挿入資料）を隠した教材提示

固有種が教えてくれること（小学5年）

単元に入る前に、教科書を回収します。そして、文章に挿入された資料を隠し、本文を配ります。すると、子供たちはその部分にきっと資料があるだろう、どんな資料なのだろうと気になります。読んでみると、文章構成や、筆者の考えは何となく捉えることができます。しかし、資料がないことで、本文を読むだけでは分かりづらいという声が挙がるでしょう。このような声は、特に筆者の考えを支える事例の段落に集中します。そこで、その困り感を共有していきます。

T　読んでいて困ったところはどこでしょう。

C　「ユーラシア大陸をはさんで～」というところがイメージしにくい。

C　「数を比べてみましょう」と書いてあるけれど、百七種、四十八種とか、漢数字で比べにくい。

C　「全て対岸のユーラシア大陸と同じ種」が分からない。

C　「長い年月」「大陸から切りはなされて島になった時期」「更新世」「さらに新しい時代」とか時代が分からない。

C　「大陸から切りはなされて」は、こういうことだと思う。

C　いや、違う。こういうことじゃないのかな。

C　何となく想像できても、みんなの思うことはバラバラだ。

C　だから資料が必要なんだ。

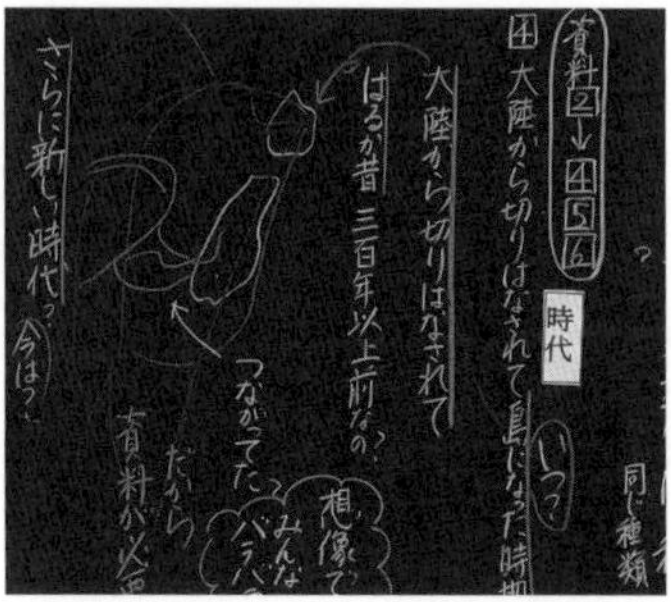

右のように資料なしの困り感を共有することで、より資料の必要性や資料の効果に意識が向きます。そこから資料に関わる課題が立ち上がり、学ぶ必然性が生まれるのです。

WATCH

資料がないことによる困り感を共有する際は、「地理」「数」「時代」「生き物」など、分類しておくとよいでしょう。また、それぞれのテーマカラーを決めておくことで、資料と本文とを色で結び付けることができ、関連が視覚的に捉えやすくなります。

（伊藤陽子）

4 思考ツール「レーダーチャート」の活用

学ぶ必然性を生む授業技術

POINT 1 観点を決めて、読みを明らかにする

読むことの学習の中で、観点を設けて読む場合があります。その際に、レーダーチャートの活用がおすすめです。観点に基づいて読み、レーダーチャートにポイントをつけることで、文章の特徴を捉えることができたり、自分の読みを明らかにしたりすることができます。例えば小学6年「メディアと人間社会」では、二人の筆者が書いた論説文が掲載されています。それぞれの文章の工夫について、自分で読み進め、「論の展開」「事例」「表現」を観点としてレーダーチャートに分析します。「この事例は、身近だから共感しやすかった。レーダーチャートの『事例』のポイントを高くしよう」といった具合に、自分の読みを反映させながら、文章の特徴がレーダーチャートを通して見えてきます。このよう

に、レーダーチャートの観点によって、文章の特徴をつかんだり、自分の読みを明らかにしたりするという学ぶ必然性が生まれます。

POINT 2 読みを可視化することで、比較の思考を促す

友達のレーダーチャートと自分のレーダーチャートを比べると、違いが見えて、その理由が知りたくなります。そこに学ぶ必然性が生まれます。また、一時間の導入時と終末時でレーダーチャートを作成させることも有効です。学習を通した変容の自覚にもつながります。ポイントが同じままでも、考えの揺れ動きがあったり、深まったりしている場合もあるでしょう。

このように、読みが可視化されることで、他者との考えのズレが生まれたり、自己の学びの変容に気付いたり、他者との交流で自分の考えが更新されることの価値に気付いたりします。学びの必然性を生むことに、読みを可視化するレーダーチャートの活用は適しているのです。

事例

思考ツール「レーダーチャート」の活用

固有種が教えてくれること（小学5年）

「資料の効果は？」という課題で学習を進めています。資料ごとに、資料なしでの読みの理解度を赤色でレーダーチャートに表します。その上で、資料を提示し、資料を用いて読み深める全体交流を図った後、再び「資料ありでの分かり度」を黄色で示します。

T　「資料2」ありで読んだ「分かり度」をレーダーチャートに表してみましょう。

C　「分かり度」が、資料なしでは1.5ポイントくらいだったけど、資料ありだと4ポイント近くになった。

C　資料なしとありではこんなに読みの分かり度が違う。資料の効果ってすごい。

T　**どうしてそのような分かり度をつけたのか、資料なしとありを比べて書きましょう。そして、どんな資料の効果があったのか、自分の考えを書きましょう。**

C

資料2がなかったとき、なぜ他の地域と分断されるだけで、固有種が生まれるか分かりませんでした。でも資料2があることで、時代ごとに大陸が切り離されて固有種が生まれることがよく分かりました。資料2には、時代の順番、大陸がいつどうやって切り離されたかが一目で分かる効果があると思いました。

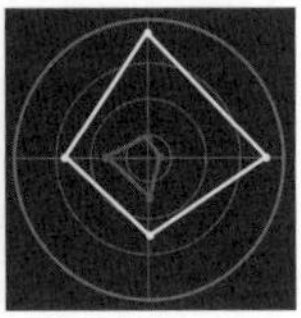

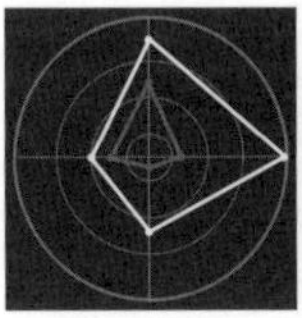

レーダーチャートに表すことで、自分の読みが明確になります。それがきっかけとなり、資料なしとありを比較する思考が働きます。そこに「資料の効果」を考える必然性が生まれるのです。さらに、自分のレーダーチャートと友達のレーダーチャートを比較することで、その違いの理由を聞きたくなるという学びを深める必然性も生まれます。

WATCH

レーダーチャートを活用して学習を進めていく中で、数値を変更したいという子供が現れることがあります。その場合は、変更を認めつつ、その理由をしっかりと述べさせるとよいでしょう。

（伊藤陽子）

学ぶ必然性を生む授業技術

5 学校の外へ学びを発信する言語活動

POINT 1 目的意識と相手意識

国語科では、言語活動を通して学習を進めていくことが重要です。例えば、登場人物の行動を具体的に想像する資質・能力を育むために、音読劇などの言語活動を通して学習を進めていくことがあります。言語活動を通して学習を進めていくことで、目的をもって自ら学び進める子供の姿が表れてきます。

また、言語活動では、基本的に「隣のクラスの友達に伝えよう」「下学年に伝えよう」などと、相手を設定することになります。これにより、子供の目的意識を強化することになります。この相手は、子供にとって「伝えたい」と思えるような特別な相手であることが重要です。

POINT 2

学校の外に相手を設定する

相手を設定するにあたって、学習を学校の内から外へ広げていくことで、学びの必然性をさらに高めることができます。例えば、音読劇を学習参観で保護者に発表する、物語文の解釈を違う学校の子供と交流するなどが考えられます。学校の外の相手は、子供と立場や環境が異なっており、学校内で行われた学びを知るすべはありません。だからこそ、学校内で行われた学びを伝えることに価値が生まれるのです。「普段見てもらえない相手に、活動の成果を見てもらえる」「普段話せない相手に、自分の活動について感想をもらえる」などと、子供に意欲をもたせることができます。

また、今の時代はオンラインで、様々な相手とつながることができます。遠く離れた同年代の相手と、物語文を書いた作者と、説明文の題材になった土地に住む人と……どの教室でも魅力的な相手を設定できる可能性があります。調整に難しさはありますが、一年に一回だけでも、特別な相手に発信する言語活動を設定できると素敵だと思います。

事例　学校の外へ学びを発信する言語活動

『鳥獣戯画』を読む（小学6年）

説明文「『鳥獣戯画』を読む」は、もともと「日本文化を発信しよう」という書くことの単元と複合して指導することが想定されています。ここでは、「日本文化を発信しよう」ではなく「自校の解説文集を作ろう」に単元を自校化して学習を進めます。

単元の第一時では、次のようにして言語活動を共有します。

T　もうすぐ、学校説明会で新一年生の保護者の方が学校に来られます。先生方が、新一年生の保護者の方に、学校行事などを説明する会です。そこで、六年生のみなさんにも力を借りたいのです。

C　どんなことをすればいいのですか。

T　先生は、大人から見た学校のことだけでなく、子供から見た学校のことも伝えることが大切だと思っています。

C　ぼくたちも学校の説明をするんですか。
T　でも、説明会の時間がないので、みんなには学校の解説文を書いてもらいたいのです（解説文の実物を示す）。
C　なるほど。何を解説しようかな。
C　行事のこととか、どんな授業があるかとか……。
T　いろいろなアイデアが湧いてきたようですね。よりよい解説文にするためには、今みんなが出してくれたような内容も大切ですが、分かりやすく書くということも大切です。**教科書の『『鳥獣戯画』を読む』の文章で、まず分かりやすい書き方を学んでいきましょう。**

WATCH

ここでは、単元の第一時では、子供たちが学習の期待感をもてること、単元の見通しをもてることを大切に進めていきます。特に、「学校の何を解説するか」というアイデアは、様々なものが出されるでしょう。先に進めることを急がずに、丁寧に聞き取ることで、学習の期待感を膨らませることができます。

（伊藤陽子）

6

学ぶ必然性を生む授業技術

「読むこと」と「書くこと」を接続する単元づくり

POINT 1 「書く」を目的として「読む」

国語科では、「読むこと」と「書くこと」は、異なる領域として整理されています。各社の教科書の構成を見ても、「読むこと」の単元、「書くこと」の単元と、区別されている教材が多く見られます。このように別の活動となっている「読むこと」と「書くこと」ですが、関連して指導することが有効な場合もあります。

「読むこと」と「書くこと」を関連して指導するためには、基本的に「書くこと」を目的として単元を構成します。例えば、「教材Aの表現の工夫を生かして、説明する文章を書く」というような単元の構成が考えられます。そうすることで、「書くこと」と「読むこと」という二つの言語活動で、知識及び技能の定着を図ることができます。さらに、

「書くために読む」という目的が明確になるため、文章を読むことに必然性が生まれます。

POINT 2 「筆者がそのような構成、表現にしたのはなぜか」を問いかける

「書くために読む」場合、子供の意識は、構成や文章表現といった形式面を読み取ることに向けられます。例えば、本論で複数の事例を挙げる構成、あえて問いかけるように書き進める文章表現など、教材文によって様々なものが考えられます。教師は、このような子供の意識に寄り添いつつ、「なぜ筆者はそのように書いたのか」と問いかけることを大切にします。そうすることで、子供は、「事例がいくつもあると、いろいろなものに当てはまることが分かって納得できる」「問いかけられると答えが知りたくなって、真剣に読むことになる」などと、構成や表現の効果を語ります。単に形式を見つけるだけでなく、その効果を解釈することで、「自分の文章でも使ってみよう」と思えるのです。「形式見つけ」にならないようにするためには、教師の存在が重要です。

事例

「読むこと」と「書くこと」を接続する単元づくり

『鳥獣戯画』を読む（小学6年）

ここでは、次のようにして「読む」と「書く」を関連させて単元を構成します。

単元の流れ

(1)学習の見通しをもつ

①「自校の解説文集を作ろう」という言語活動のイメージをもち、自分の解説文の担当を決める。

(2)教材文から学ぶ

②教材文と出合い、鳥獣戯画に親しむ。

③筆者の着目点と解説の仕方を捉える。

④筆者の主張を捉える。

⑤書き表し方の工夫（表現の工夫）とその効果を話し合う。

(3)教材文から学んだことを生かして書く

⑥「⑤」で学んだ表現の工夫を、解説文にどのように生かせるか考える。

⑦⑧表現の工夫を使って自分の担当する解説文を書く。

⑨友達と読み合い、アドバイスを送って原稿を修正する。

⑩完成作品に感想を送り合い、解説文の振り返りを書く。

「(1)学習の見通しをもつ」では、「自校の解説文集を作ろう」と、「書くこと」の目的を共有します。そして、そのために教材文「『鳥獣戯画』を読む」から形式面を学ぶという単元の見通しをもたせます。

「(2)教材文から学ぶ」では、教材文「『鳥獣戯画』を読む」に表れている形式面を確かめていきます。例えば、絵のどのような点に着目するか、事実と感想をどのように書き分けているかなどを読み取らせます。

「(3)「教材文から学んだことを生かして書く」では、まず解説文集の構成を確かめます。そして、「『鳥獣戯画』を読む」で学んだ形式面の工夫をどこで生かせるか検討します。その後、解説文集を自分なりに書き進めていきます。

WATCH

「(1)学習の見通しをもつ」段階では、できるだけゴールイメージが明確になるように働きかけます。ここでは、解説文集のモデルを示したり、何のために解説文集を作成するのかを説明したりします。そうすることで、「解説文は○○の内容を入れた方がいいんじゃない」などと、子供のアイデアを引き出すことができます。

（伊藤陽子）

自己決定を促す

授業技術

自己決定を促す授業技術

7 削除を提案するゆさぶり発問

POINT 1 展開上書かなくても成立する文を明確にする

教材文の中には、あえて書かなくても展開上は成立する文が存在します。「大造じいさんとガン」であれば、「秋の日が、美しく輝いていました。」という一文です。このようにあえて書かなくても成立する文を、教師が教材研究の段階で明確にしておきます。そして、授業では、そのような部分に子供が着目できるようにします。「大造じいさんとガン」の例であれば、「この一文には、大造じいさんのことも残雪のことも書かれていないからいらないよね」などとゆさぶる発問をするのです。

教師も子供も一見教材にとってなくてもいい文に着目することが大切です。そうすることで、「では、なぜこの一文がわざわざ書かれているのだろう」と、自分なりの考えをもつことが促されていきます。教材にとって展開上書かなくても成立する部分に着目することで、自分の立場を明確にすることができるのです。

POINT 2
その部分がない教材と読み比べさせる

ポイント1で教材にとって展開上書かなくても成立する部分を明確にした後で、その部分を切り取った教材文を与えます。すると、子供たちは二つの教材文を読み比べることができます。実際になくした教材文を提示することで、想像だけでなく、その文が与える影響を考えることができます。「大造じいさんとガン」の例でも、「『美しく輝く』という言葉から、大造じいさんのやる気を感じることができる」と、実際の登場人物の言動以外に、情景描写の与える効果について気が付くことができます。

事例

削除を提案するゆさぶり発問

すがたをかえる大豆（小学3年）

子供たちは、「すがたをかえる大豆」を前時までに繰り返し音読し、大豆をおいしく食べる工夫について読み取っています。

T　分かりやすい順に、大豆の食べ方の工夫がたくさんあったね。みそやしょうゆは一年もかかるから、最後だったんだね。

C　最後じゃないよ。まだ枝豆ともやしがあるよ。

C　でも、これは煮たり、何かに混ぜたりしたわけじゃないよ。

C　確かに。これって食べ方の工夫に入る？

T　**じゃあ、この段落は大豆の工夫ではないからいらないかな。**

C　いやでも、枝豆ももやしも大豆と同じだよ。だからなくすのはちょっと…。

C　でもさ、そしたら分かりやすい順なんだから最初に書くべきじゃない？

C 「すがたをかえる大豆」だから、枝豆ももやしも大豆がすがたを変えたのにはかわりないんだからいるよね。

C でも、やっぱり最初だと変だよ。他の段落は、大豆を何かに変える工夫だけど、枝豆ともやしは変えるわけじゃなくて、育て方の工夫だから最後なんじゃない？

C じゃあ最後に付け足したって感じなのかもね。

右のように、段落の削除を提案することで、段落の意味やその順序性を考える自己決定を促すことができます。

WATCH

ここでは、段落に意味があるという前提で進める必要があります。いらないと考えた子供が出てきても、教師は焦らず受け止めながら、意味を見出している子供の気付きを取り上げていきます。

（飴田結花）

2 自己決定を促す授業技術
文章中から「どこ」を問う発問

POINT 1 Which型の発問をアップデート

「どこ」を問う発問は、立場を明確にすることを促すため、どのような授業においても有効な授業技術になります。現に、本書においてもいくつかの章で挙げられています。一方で、立場は決められるものの、根拠を叙述に求める意識が弱い子供もいます。そのような子供は、自分のイメージの中で理由を語り、叙述を確かめることが十分にできません。

そのような難しさを解消するためには、文章を対象として「どこ」を問う発問が有効です。例えば、「どの段落ですか」「どの場面ですか」「どのあたりですか」など、文章中の任意の地点を選択肢として問うのです。文章を対象に「どこ」を問うているため、子供の意識が叙述から離れることはありません。もちろん、立場を明確にするという機能も発揮されます。

POINT 2 解釈を促すために問う

この発問を「自己決定を促す」授業技術とするためには、解釈を促す問いにすることが重要です。解釈には、書かれている事柄だけでなく、個人の経験に基づいた判断が含まれてきます。つまり、全員が同じ回答にならない、全員を同じ回答に収束させない問いにするのです。

例えば、「中心人物が、○○に出会ったのは、どの場面ですか」「事例はどの段落に書かれていますか」といった発問は、全員を同じ回答に収束させる発問です。これでは、自己決定を促すことにはなりません。「中心人物の気持ちが変化した一番の理由は、どこですか」「読者を納得させるために重要なのは、何段落ですか」など、全員が同じ回答にしない発問だからこそ、自己決定を促すことができるのです。もちろん、全員を同じ回答に収束させないことだけでなく、文章の理解が深まることも想定して発問を構想します。

事例

文章中から「どこ」を問う発問

スーホの白い馬（小学2年）

子供たちは、文章の読み聞かせを聞き、初発の感想を記述しています。多くの子供たちは、スーホと白馬が死別したことに悲しみの感情を抱き、その原因となった殿様に「ひどい」「いなければよかったのに」などと、感想を記述しています。

T みんなの感想を読んでみたら、たくさんの人がある人物のことを書いていました。

C 殿様だ。

T そうそう。「とのさまひどい」とか「いなければよかったのに」とか書いている人がたくさんいたよ。

C 分かる。いなければよかったんだよ。

T そうなんだね。いなければ……じゃあ、**もしも殿様が出てこないとしたら、このお話のどこが変わるのかな。**

C　ハッピーエンドになる。
T　ハッピーエンドということは、文章のどこが変わるの？
C　まず競馬がなくなると思う。殿様が自分の娘のお婿さんを探すために開いた競馬だから。
C　白馬が死なないんじゃないかな。殿様の命令で撃たれたから。
C　でも、矢で撃たれなくても、いつかは死んでしまうでしょ。

右の発話のように、子供は、殿様の存在が物語にどのような影響を与えたか、それぞれの解釈を共有していきます。そうすることで、殿様という人物の意味や価値を捉え直すことができます。

WATCH

ここでは、子供それぞれの見方で多様な解釈が表れてきます。おそらく「殿様がいなければ馬頭琴ができることはなかった」という解釈を語る子供が現れるでしょう。これは、文章全体の構造に関わる解釈であり、重要です。

（中野裕己）

自己決定を促す授業技術

3 一人一人の読みを共有する教室掲示

POINT 1 教材文は、全文拡大して、教室に掲示する

物語は、登場人物の言動、情景描写、比喩など、様々な要素で場面が変化していきます。低学年は、場面ごとに読み進める方法も考えられますが、教室に全文掲示をしておくことで、様々な場面から物語を読み解くことができます。

「お手紙」であれば、「かたつむりくんに手紙の配達を頼んだことはよかったのか」と問うた際に、「二人がしあわせそうにお手紙を待っているからよかった」という子供の意見を拾い、根拠を尋ねます。すると、全文掲示の挿絵に着目して二人が笑っていることを指摘する子供が現れます。さらに、最初の挿絵では、悲しそうにお手紙を待っているがまくんがいることを指摘する別の子供も現れます。このようにして、子供の視線が一気に教室

に掲示してある教材文の最初の部分に集まり、最初と最後の比較をすることができるのです。挿絵も含めて教材全体を見て、自分の意見をもつことができるようになります。

POINT 2 子供の意見は拡大掲示に可視化する

ポイント1の拡大掲示をするだけでは、子供がせっかく言った意見も、次の時間には「そんなこと言ったかな」と曖昧になってしまいます。そこで、子供の意見を拡大掲示に可視化しておくことが重要です。すると、すぐにその場で扱わなかった意見も、後から「前にこんなことを言っている人がいた」と振り返ることができます。

また、自由に自分の意見を言ってもいいんだという安心感も生まれます。教材文に直接書き込むことで、子供はその部分だけでなく、周辺の文や、あるいは違う場面と比較して読むことができるのです。

このようにして、様々な意見を参考にして、自己決定ができるようにします。

事例

スイミー（小学2年）

一人一人の読みを共有する教室掲示

子供たちは、「スイミー」のお気に入りの文を三つずつ選び、全文掲示の該当する部分にシールを貼付しています。シールが多く集まったのは、設定部分、クライマックス部分、そして比喩表現の部分です。設定とクライマックスにシールが集まった理由については、すでに検討し、理解しています。

T みんなが選んだお気に入りの文が多かったところが、あと一か所あったよね。

C 3の場面！

C にじいろのゼリーのようなくらげのところ。

C スイミーが泳いでいるだけなのに、なんでだろう。

T　**3の場面になぜシールが集まったのでしょうか。**

C　普通は、動きが速い伊勢海老とか言うけど、スイミーでは、「水中ブルドーザーみたいな」って書いてある言葉がおもしろい。

C　他の人と使っている言葉が違うんだよ。

T　「水中ブルドーザーみたいないせえび」ってどんな伊勢海老？

C　なんか強そう！

C　でも、「みたいな」だから本物のブルドーザーではないよ。

右のように、シール（子供のお気に入りの文）が集まった部分を焦点化して話し合うことで、比喩表現が与える影響について自分の考えをもたせることができます。

WATCH

ここでは、子供たちから様々な意見が出てきます。ブルドーザーが分からない子供にとっては、この比喩がピンとこないかもしれません。教師は、前もって写真を用意したり、どんなときに使うかを子供に尋ねたりして話し合いを進めていきます。

（飴田結花）

自己決定を促す授業技術

4 一人一人が学習成果を発信する言語活動

POINT 1

身に付けさせたい力に合った言語活動を選ぶ

教材研究では、その教材で子供に身に付けさせたい力を明確にすることが大切です。学習指導要領の指導項目はいくつかありますが、その中で、自分がこの教材で力を入れたい部分を決めるのです。「海の命」であれば、中心人物である太一が、ずっとうちたいと思っていたクエをうたなかったという大きな変化から、太一の考え方の変化について考えることに重きをおくことがあります。

そして、授業では、そこを中心に子供が読み進めることができるようにします。「海の命」の例であれば、「太一の考え方に一番影響を与えた人物は誰だろう」などと問いかけ、太一を中心とした人物相関図を作成し、最後に一番影響を与えた人物を選ぶという言語活動を設定します。人物相関図を作成することで、太一を中心としたその他の人物との関係性を読み解いていくことができます。そうすることで、太一の考え方が変化した要因には、複数の人物が関係していることに気が付くことができるのです。読み取ったことを一人一人が人物相関図に表すという言語活動を設定することで、自分の考えをもたせることができるのです。

POINT 2 言語活動は子供の様子を見て方向転換する

ポイント1のように、言語活動を設定するためには、子供の様子をよく観察しなければなりません。子供が主体的に取り組めるものにする必要があるからです。人物について読み取っていくと、「どの人物も影響を与えている気がして選べない」という子も出てきます。そこで、「太一に影響を与えた割合を円グラフに表そう」と、一番を選ぶ言語活動から、割合を表す言語活動に方向転換するのです。今までの学びを存分に生かせる言語活動にシフトできるよう、あらかじめ教師がいくつかのバリエーションをもっておきます。

事例　一人一人が学習成果を発信する言語活動

スイミー（小学2年）

子供たちは、「スイミー」のお気に入りの文を三つずつ選び、教室の全文掲示にシールが多く集まった部分の理由について、授業で読み解きました。お気に入りの文が変わった子も、変わらない子もいます。

T　もうすぐ夏休みだし、みんながせっかく選んだお気に入りの文をポスターにして図書室に掲示してもらおうと思うんだけど、どう？

C　やったー！

C　でも、ポスターに三文も入らないよ。

C　一番お気に入りの一文がいいんじゃない？

C　私は「にじいろのゼリーのようなくらげ」にしよう。くらげは透明だけど、きっと光が反射して虹色に見えたんだと思う。

C 文だけだと寂しいから、絵も描くといいと思う。

T じゃあ好きな絵を描こうか。

C 文に合う絵じゃないと意味ないよ。

C 「ぼくが目になろう。」は、まだ目になっていないから、スイミーがみんなに話しかけている絵にしよう！

右のように、お気に入りの文をポスターにするという言語活動を設定することで、お気に入りの一文を吟味したり、文に合った絵を想像して描いたりする自己決定を促すことができます。

WATCH

ここでは、子供たちが選んだお気に入りの文がそれぞれ違います。叙述から情景を想像することが難しい子供には、個別に声をかけて、何が見えるか、どんな様子かを聞きながら進めていきます。

（飴田結花）

5

自己決定を促す授業技術

文章を改作する言語活動

POINT 1

説明文を書き換える

ここでの文章の改作は、基本的に説明文の学習を想定しています。説明文は、序論から結論まで、一貫性をもたせて文章を構成しています。例えば、序論で何かを主張したとします。すると本論では、主張を強化する事例などが挙げられます。そして結論では、本論の事例を受けて具体性を帯びた主張がなされることになります。

説明文を書き換える言語活動において、取り組ませるべきは本論の書き換えです。本論は、序論や結論で述べられている主張を強化するための内容になっていることが多いため、書き換えるにあたって主張との整合性を問い直す必要があります。主張と事例、主張と理由の関係を捉えることは、中学年以降の重要な指導事項です。

POINT 2 どこを書き換えるか……スタート地点を明示する

主張と整合するように本論を書き換えることは、大人でも難しさのある言語活動です。ただ「筆者の主張と合うように、本論の理由や事例を書き換えてみましょう」と指示したとしても、ほとんどの子供は難しいでしょう。そこで、まず書き換えるべき部分を指定します。そして、「何に書き換えることができるか」を問うのです。ここで、主張と整合するように書き換えることの理解を図ります。そして、「そこを書き換えたら、その後の文章はどう変わるか」を問います。基本的に文章は一貫性があるように書かれているため、一箇所を書き換えると他の部分と整合しなくなります。子供は、「ここを書き換えたから、ここはこうなって……」と、文章を見直して書き換えていきます。

なお、自己決定という点では、スタート地点を明示した後の「何に書き換えることができるか」が重要になります。どのような事柄に書き換えるかは、子供の判断に委ねられているからです。

事例　文章を改作する言語活動

言葉の意味が分かること（小学5年）

子供たちは、文章を読んで、序論・本論・結論の構成を捉えています。ここでは、序論に書かれた主張を確かめた上で、本論の事例を書き換える言語活動を促します。

T　序論には筆者の主張が書かれていましたね。言葉の意味には広がりがある、それが言葉を学ぶときに役立ち、普段使っている言葉やものの見方を見直すことにつながるという主張でした。

C　結論でも同じように主張をしていたね。

T　「言葉の意味には広がりがある」ということは、本論である物を例として説明されていますね。何ですか？

C　コップだ。

T　そうですね。ここでみんなに聞きたいんだけど、**この例は絶対にコップじゃなければ**

ばだめなのですか。

C　いや、そういうわけじゃない。例だから……。

T　**言葉の意味の広がりに当てはまるのは、コップ以外だと何がありそうですか。**

C　車かな。軽自動車もあるし、トラックもあるし……。

C　あとは、ズボンもいいんじゃない。ジーンズもあるし、短いズボンもある。

T　**コップを違うものに変えたら、本論はほかにどこが変わりそうですか？**

C　「持ち手のついた小さい赤いコップ」のところとか、この辺は全部変えなきゃいけないんじゃない？

子供は、自分なりに「コップ」の代わりになる物を決めて、文章を書き換えていきます。「これがふさわしい」という感覚は、子供によって異なります。

WATCH

「何に書き換えるか」はそれぞれでも、「どこを書き換えるか」は基本的に共通しています。したがって、他者と協働して取り組むことも可能です。

（中野裕己）

6 自己決定を促す授業技術
「ぐっとくる一文」を中核に据えた単元づくり

POINT 1 単元初めと終わりに、子供にとって「ぐっとくる一文」を選ばせる

物語を読んだ際に、自分の心に残る文は人によって違います。しかし、その選んだ文には、必ず理由が存在します。その理由を交流することで、改めてその文章の意味や前後の内容について考えることができます。

また、子供は、教師がその教材で学ばせたいところをぐっとくる文として挙げる場合が多いです。「くじらぐも」であれば、「天までとどけ、一、二、三。」を選ぶ子が一定数いるのです。この言葉は、同じ教材中に何回か出てきます。その中でも、多くの子供が選ぶのは最後の部分です。そこで、「どうして多くの人がこの文にぐっときたのか」などと、子供の読みに沿って単元を構成するのです。初めは、「たくさん出てくるから」という理

由で選んでいた子も、単元終わりにもう一度「ぐっとくる一文」を選ばせると、同じ文でも、「何度もかけ声をかけて、くじらぐもに乗りたいという気持ちが伝わるから」という理由が変化することで、子供の読みの深まりを実感させることができます。

このように、子供がぐっとくる文を選ばせることが大切です。「ぐっとくる一文」を中核に据えることで、自己決定を促して、教材を深く読ませることができるのです。

POINT 2 自分らしさを大切にし、自分のこだわりを話す経験をさせておく

ポイント1のように、自分の「ぐっとくる一文」を選び、その文を中核に単元を構成するためには、子供が自信をもって一文を選ぶことができる必要があります。しかし、「他の人と違う文だったら嫌だなあ」「やっぱりみんなが選んだ文にしよう」と、流されてしまう子供もいます。そこで、意図的に自分のこだわりについて話す経験を積んでおくことが大切です。例えば、学級活動の時間に自分の好きなものについて話したり、道徳で意見が分かれそうな教材を扱ったりするのです。そのようにして、自分のこだわりを話すよさを感じさせておきます。

事例

「ぐっとくる一文」を中核に据えた単元づくり
大造じいさんとガン（小学5年）

子供たちは、「大造じいさんとガン」を前時までに繰り返し音読し、内容の大体を捉えています。全体では、設定の確認をし、既習の物語を使って、「ぐっとくる」という定義を押さえています。

T　**この物語でぐっとくる一文はどれでしょうか。**（子供が拡大教材文にシールを貼る）
C　やっぱり、「ただ、救わねばならぬ仲間のすがたがあるだけでした」が多い。
C　なんでそこに集まったんだろう。
C　「東の空が真っ赤に燃えて、朝が来ました」の部分に貼ってる人がいる。なんでここなの？
T　みんなが気になるこの二つの部分について考えてみようか。
←（単元終末）

T　もう一度、自分が一番ぐっとくる一文を選んでみよう。

C　私は、「いきなり、てきにぶつかっていきました」にしていたけど、残雪が仲間のガンのために自分の命を考えずにハヤブサと戦っている、「ただ、救わねばならぬ仲間のすがたがあるだけでした」に変えた。

C　情景描写の一文からも、気持ちや様子が伝わるのは知らなかった。僕は、「ぱっと、白い羽毛が、あかつきの空に光って散りました」の白と赤のコントラストで戦いの激しさを感じた。

右のように、「ぐっとくる一文」を中核に単元をつくっていくことで、多数派・少数派の理由を考え、自分なりのこだわりについて自己決定を促すことができます。

WATCH

子供によって感じ方が違うため、選ぶ文が教師の意図する部分ではない子供もいます。しかし、その理由を聞くことで、新たな発見があるかもしれません。一人一人の自己決定を尊重し、そこから集団の学びを生み出すことを意識して指導していきます。

（飴田結花）

子供の思いを引き出す授業技術

子供の思いを引き出す授業技術

1 一番を問う発問

POINT 1 事例を貫くキーワードから一番を選ぶ観点を設定する

説明文において、筆者は主張に納得感をもたせるために事例を列挙します。そこには事例を貫くキーワードがあります。例えば、「たんぽぽのちえ」の事例を貫くキーワードは「ちえ」です。このキーワードを基に一番を問う観点を設定します。「たんぽぽのちえ」の場合、事例には四つの知恵が書かれています。知恵は賢さを指標に表すことができるため、「一番賢い知恵はどれですか」と問うことができます。子供たちは「一度倒れた軸がまた起き上がるのはすごいよ」「天気のことを考えているのは人間みたい」と、他の事例と比べながら、思い思いに自分の考えを表現することができます。また、「すがたをかえる大豆」は、大豆の姿を変える工夫が事例になっています。そこで、「一番姿が変わった大豆はどれですか」や「一番知恵を絞った工夫はどれですか」などと問うことができるしょう。このような問いは内容の理解を目的とした学習に適しています。高学年の場合は、「一番納得できる（共感できる）事例はどれですか」などと問うことで、内容の理解だけでなく内容に対する評価を問うことができます。

このように、単元を貫くキーワードを基に一番を問う発問をすることで、自分の経験を想起したり、他と比較したりした子供たちの思いを引き出すことができます。

POINT 2 事例の内容が並列になっている教材の場合に扱う

一番を問う発問は事例が並列になっている教材に適しています。教材によっては、筆者の主張を述べるために事例の内容が明らかに優劣をつけていたり、実験の手順を順番に説明しただけだったりするものもあります。このような場合は、一番を問うても子供の考えが多様になることは少なく、一つの事例に集中してしまい、クラスで話し合う必要がなくなってしまいます。そのため、事例の内容が並列的に述べられている教材を中心に扱うことがよいです。

事例 一番を問う発問

どうぶつ園のじゅうい（小学2年）

「どうぶつ園のじゅうい」は獣医である筆者の仕事について、時系列で書かれた文章です。そのため、単元を貫くキーワードは「（獣医の）仕事」です。七つの仕事が書かれており、「仕事が大変そうだ」という感想をもつ子供が多くいます。そこで、それぞれの仕事を捉えさせた後に一番を問う発問を行います。

T1　獣医さんはどんな仕事をしていましたか。

C　朝の見回り、いのししの赤ちゃんを見たり、猿の治療をしていたりしたよ。

C　夜お風呂まで入ってから帰るから大変そうだった。

T2　七つの仕事のうち、一番大変な仕事はどれですか。

C　ペンギンの治療だと思う。「いのちにかかわる」って書いてあるから。

C　猿の治療も大変だと思うよ。「やっと」って書いてあるから、獣医さんが苦労しているのが分かるよ。

C　朝の見回りだと思うな。前の時間に友達が「長い時間歩き回らなきゃいけない」って言っていたのを思い出した。

T3　どうしてそんなに大変な仕事を上田さんは続けているのだろう。

C　動物のことが大切なんだね。

C　自分の仕事に責任をもっているんだよ。

C　動物のことを守りたいってことだと思う。

このように、一番を問う発問をすることで、文章中の言葉を根拠にしたり、前時までに読んだ内容を基にしたりして、獣医の仕事に対する思いを引き出すことができます。

WATCH

一番を問う発問は、本時のねらいに応じて、他の発問とセットにすることが可能です。T3では、筆者の思いをさらに深めて読むために、「どうして」という発問を加えています。教材や本時のねらいに応じて、多様な発問の組み合わせ方があります。

（大島貴浩）

2 子供の思いを引き出す授業技術

子供の思いを引き出す教材提示

POINT 1

「○○ならよかったのに」という子供の思いを引き出す

物語文や説明文の教材には、子供の生活経験や読書経験とのずれが生じる部分があります。物語文では、登場人物の行動について「そうではなくて、○○すればよかったのに」などと、思いを抱く子供がいます。説明文では、筆者の論の進め方について「そうではなくて、○○と書けばよかったのに」などと、思いを抱く子供がいます。このような思いの表出は、「どうしてそうしたのだろう」などと、書かれている文章の深い理解へと向かうきっかけになります。

したがって、「○○ならよかったのに」という子供の思いを引き出すことが重要です。

例えば、2年生の物語教材「お手紙」であれば、「お手紙を待つように説得するかえるくん」と「お手紙なんかくるわけないと怒り出すがまくん」を関連付けて読むことで、「かえるくんは、そんなに言わない方がいいのにな」という思いが生まれます。このように、関係を明示することで、子供の思いが引き出されます。

POINT 2

子供の思いと登場人物（筆者）の思いとを切り分ける

「○○ならよかったのに」と思いを引き出した後は、「どうしてそうしたのか」と文章の理解を促します。教師が働きかけなくても文章の理解に向かう子供もいますが、「○○ならよかったのに」「こうしたらもっといいんじゃないか」などと思いを巡らすことが楽しくなり、文章の理解に向かえない子供もいます。もちろん、このような姿も価値ある姿だとは思いますが……。

そこで、子供が文章の理解に向かうように、子供の思いと登場人物（筆者）の思いとを切り分けていきます。「あなたなら、そうするんだよね。でも登場人物（筆者）は、どうしたの」などと、働きかけるのです。すると、「ぼくの考えと違って、○○している」「どうして○○したんだろう」と、文章を理解するための問いが表出します。

事例

子供の思いを引き出す教材提示

ちいちゃんのかげおくり（小学3年）

子供たちは、文章の読み聞かせを聞き、初発の感想を記述しています。また、場面を捉え、ちいちゃんの行動と気持ちとを確かめる学習を行っています。ここでは、ちいちゃんが家族と離れ離れになり、住んでいた家の跡地に留まる場面を扱います。

T　今日学習する場面を音読しましょう。

C　（音読する）

T　とても悲しい場面ですね。

C　ひとりぼっちでかわいそう。

C　おかあさんやお兄ちゃんは、どうなったのかな。

C　たぶん死んでしまったのかも。

T　ちいちゃんは、どうなったのかな。

C　ずっと家の近くで待っていて、命が消えてしまった。
T　そうだね。おばさんと別れて、一人で家の近くにいたんだよね。
C　**おばさんと行けばよかったのに。**そうすれば、助かったかもしれない。
T　そうだよね。助かったかも。**だけどちぃちゃんは…。**
C　ずっと家の近くにいた。どうしてずっと家の近くにいたんだろう。

「ちいちゃんが亡くなったこと」と「ちいちゃんがおばさんと別れて一人でいたこと」とを段階的に提示することで、子供は「おばさんと行けばよかったのに」という思いを抱きます。そして「どうしてだろう」とちいちゃんの行動について問いを表出します。

WATCH

発話例にあるように、教師と子供とのやりとりを通して進めていきます。ここで大切なのは、発話がない子供の様子をよく見取るということです。必要に応じて『おばさんと行けばよかったのに』って思う人の気持ち分かる？」などと問うて、共有を図りながら丁寧に進めます。

（中野裕己）

3 子供の思いを引き出す授業技術
思考ツール「スケーリング」の活用

POINT 1 筆者の考えと子供の経験の重なりを明確にする

説明文において、筆者はある事象・主張について自身の経験や研究結果などを基に説明したり、論じたりします。その事例には、子供たちが初めて見たり聞いたりするものもあれば、子供たち自身も経験したことのある事柄もあります。後者の場合、子供たちは自分の経験にアクセスしながら筆者の説明を読むことになります。例えば、「時計の時間と心の時間」（光村図書6年）では、楽しいことをしているときは時間が早く感じるという事例を挙げています。これに対し、共感する子供たちは多いかと思います。このように、筆者の挙げている事例が子供たちの経験と重なっているかどうかを明確にします。そして、授業では、ねらいに応じてスケーリングを伴う発問をします。「時計の時間と心の時間」であれば、筆者の主張に対して賛成の是非を問う場面で、「筆者の主張にはどれくらい賛成ですか」と問い、パーセンテージやグラフで表します。すると、子供たちは自分の経験にアクセスしながら筆者の主張に対する賛成度を考えることができます。

このように、筆者の考えと子供の経験の重なりについてスケーリングを使用することで、子供の思いを引き出すことができるのです。

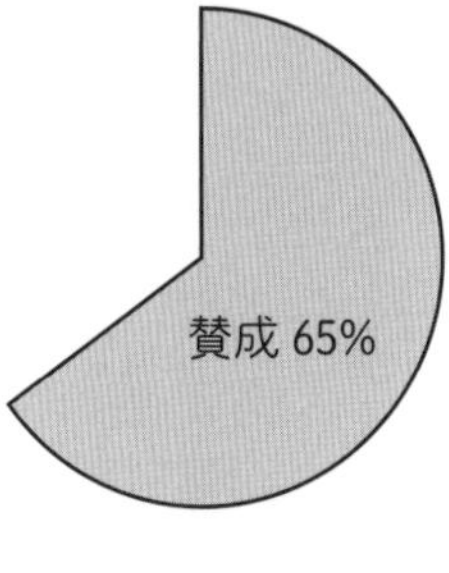

POINT 2 スケーリングで生まれた考えのズレから対話を生む

自分の考えをスケーリングで表すことができると、友達の考えが気になり始めます。ここで友達と交流させると、全く違う数値があったり、数値は似ているのに理由が全く異なっていたりするズレが起きます。すると、子供たちは自ずと「〇〇さんは、わたしと似ている（違っている）けど、どうしてそう思ったのかな」と気になり、子供たち同士の対話が生まれます。

事例　思考ツール「スケーリング」の活用

どうぶつ園のじゅうい（小学2年）

「どうぶつ園のじゅうい」を読んで、子供たちは一日中様々な仕事をしている獣医に、忙しくて大変そうだという感想をもちます。ここでは、獣医の大変さをスケーリングで表します。その際、図のような「大変度メーター」を使い、視覚的に理解、共有しやすくします。

T　獣医さんがはじめにしていた仕事はどのようなことでしたか。

C　朝の見回りでした。

T　**朝の見回りの仕事は、どれくらい大変だと思いますか。**大変度メーターの色をぬりましょう。

C　大変度100％です。毎日声をかけるのが疲れると思うからです。

C　そうそう。一匹一匹のおりに入ってあいさつするのは大変だよ。

C　ずっと声を出さなきゃいけないから大変だよね。

C　歩き回るって書いてあって、町探検みたいだから100％大変だと思う。

C　そうそう、歩くじゃなくて、歩き回るって書いてある。

C　ぼくも休み時間に鬼ごっこで走り回って疲れたことある。

C　わたしは、大変度は50％くらいだと思いました。見回りでいっぱい体力を使ったら、次の仕事ができなくなるから疲れすぎないようにしていると思うから。

C　確かにそうだよね、僕たちも朝から動きすぎたら疲れるよね。

このように、筆者の大変さをスケーリングで表すことで、町探検などのような経験を伴った子供たちの思いを引き出すことができます。

WATCH

スケーリングの場合、内容によっては偏りが出ることがあります。そのときは、少数派の子供たちが発言しづらくならないように、子供の発言内容に価値付けたり、教師が思いを解説してあげたりするとよいでしょう。

（大島貴浩）

子供の思いを引き出す授業技術

4 他教科の活動を生かした言語活動

POINT 1 文章の内容と重なる体験活動

子供が書かれていることをイメージできるのは、経験があるからです。例えば、いちごを見たことも食べたこともない子供は、「いちご」という言葉を見ても、その形や味をイメージすることができません。経験があるからこそ、「いちご」という言葉からイメージして意味を理解することができるのです。したがって、物語文の登場人物の気持ち、説明文の題材についてよりよく理解するためには、それらと関連する経験をもっていることが重要になってきます。

そこで、他教科の学習において、国語科の物語文や説明文の学習を想定しながら、体験活動を行います。例えば、2年生の物語文「お手紙」であれば、手紙です。生活科でお世話になった方へ手紙を書く活動をすることで、手紙を出すかえるくんの気持ちをイメージしやすくなります。

POINT 2 文章中の事柄と、自分たちの体験とを比較させる

文章の内容と重なる体験活動をしている子供たちが、その経験をよりよく生かすためには、教師からの働きかけが必要です。前述のお手紙であれば、「みんなも生活科でお礼のお手紙を出したよね。どんな気持ちで書いたの」などと問うて経験を想起させます。子供は「ありがとうの気持ちを伝えたいと思って書いたよ」「ちゃんと読んでくれるかどきどきしたよ」などと、自らの経験を語ります。

ここで大切なことは、その経験と文章中の事柄との違いを意識させることです。「みんなが書いた手紙と、かえるくんの手紙は同じなのかな」などと問うのです。子供からは、「かえるくんは感謝の手紙ではないから、ちょっと違うよ」などと声が上がるでしょう。そこで「かえるくんのお手紙について、私たちのお手紙との違いをまとめよう」と、言語活動を提示することができます。

事例　他教科の活動を生かした言語活動

たんぽぽのちえ（小学2年）

子供たちは、生活科で野菜を育て観察する活動に取り組んでいます。具体的には、野菜の苗の部位に着目し、毎日成長を記録しています。国語科では、説明文「たんぽぽのちえ」の読み聞かせを聞き、文章を繰り返し音読しています。

T　「たんぽぽのちえ」の説明文を書いた人は、植村利夫さんと言います。この植村さんの書いた「たんぽぽのちえ」を読んで、みんなはどう思いましたか。

C　たんぽぽのことがよく分かった。

C　たんぽぽの綿毛のこととか、くわしく書いていていてすごい。

T　そうだね。くわしく書いていてすごいよね。**そんなにくわしい文章を書く前に、植村さんがしたことがあると思うんだけど何かな。**

C　たんぽぽを観察したと思う。

C 雨の日とか、晴れの日とか，ちゃんと観察していないとくわしく書けないから。

T **みんなも、生活科で野菜を観察してるよね。植村さんがした観察を予想して、みんなが書いている観察記録と同じ書き方で書いてみよう。**

子供は、生活科で部位ごとに気付きを分類して記録しています。「たんぽぽのちえ」では、たんぽぽについて書かれている事柄を抜き出して、部位ごとに分類してまとめるように促します。例えば、下図のような形式が考えられます。

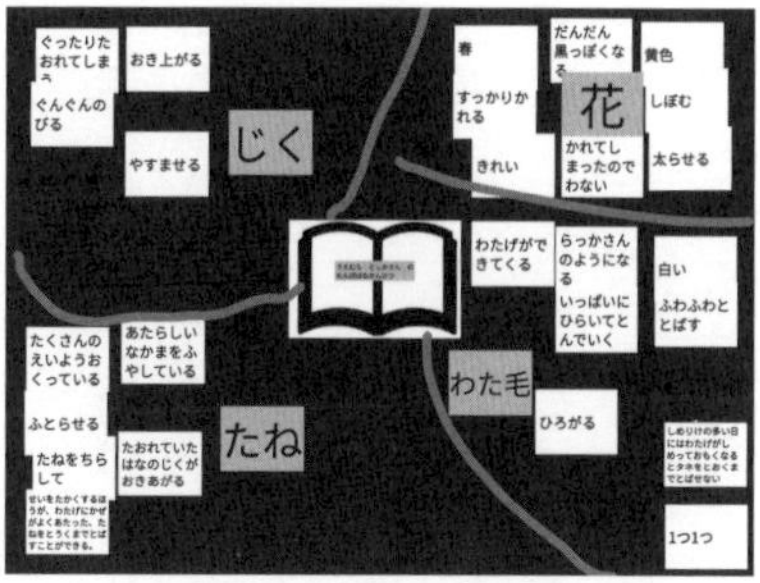

文章を基に作成した観察記録

WATCH

まとめていく中で、生活科の野菜と、文章中のたんぽぽとの違いが表れてきます。特に文章中の「じく」という部位は、通常は「茎」と表現される部位です。なぜ「じく」と表現したのかを考える学習に発展させることができます。

（中野裕己）

5

子供の思いを引き出す授業技術

筆者になりきって読みを表現する言語活動

POINT 1

文章中における筆者の存在を検討する

説明文はある事象について説明した文章ですが、筆者または筆者に代わる人物の存在がはっきりしている文章とそうでない文章があります。例えば、「ありの行列」は、筆者の存在はないものの、ウィルソンという学者がありの行列について実験を行い、疑問を解明していくという文章になっています。このように、筆者（筆者に代わる人物）の存在がはっきりと分かる文章は、筆者になりきって読む活動が可能です。筆者になりきるというと、筆者の書いた文章構成を生かしてオリジナルの作品を作る活動も考えられますが、ここでは筆者の書いた文章の内容をより深く理解するための活動を紹介します。「ありの行列」であれば、ウィルソンの行った実験について、「ウィルソンさんになりきって実験日誌を書こう」と子供たちに働きかけます。実験日誌は、絵や吹き出しで表現することも許容します。子供たちは文章を何度も読み返しながら、ありの動きやウィルソンが考えたことなどを絵に描いたり吹き出しにしたりして表すでしょう。

このように、筆者（筆者に代わる人物）になりきって表現することで、子供の思いを引き出すことができます。

POINT 2 なりきり方を吟味する

ポイント1では、実験日誌のため絵や文章で表現をしましたが、教材によっては文だけでも構いません。しかし、「ありの行列」であれば、日誌風のワークシートを準備したり、研究者のイラストを挿入したりしておくだけでも、子供たちが研究者になりきって表現することができます。また、教材内容に合わせて、動作化をさせたり、実際の画像や動画を見せたりして、なりきるための支援をすることも大切です。例えば「どうぶつ園のじゅうい」は、獣医の仕事を説明している文章です。朝の見回りや動物への治療などの様子を動作化することで、筆者の大変さを理解することができるでしょう。

事例

筆者になりきって読みを表現する言語活動

どうぶつ園のじゅうい（小学2年）

「どうぶつ園のじゅうい」は、獣医の一日の仕事について書かれています。獣医は、一日の最後にその日の出来事を日記に書く仕事をしています。実際の授業では一時間あたり一、二個の仕事について読み進めていくことが想定されます。そこで、毎時間の終盤にその日学習した動物のことを筆者になりきって日記を書く活動をすることができます。

T 猿の治療をしているときの様子を獣医さんと猿、飼育員さんになりきって演じてみよう。

（中略）

T 獣医さんたちになりきってみて、どんなところが大変だと感じましたか。

C 猿がなかなか飲まないというところが大変だった。

C 時間がかかって、猿の具合が悪くなってしまうかもしれないと思った。

T　今日は日本猿の治療の仕事について学習しましたね。では、**みなさんが獣医さんだったら、この仕事をどのような内容で日記に書きますか。**

C　猿が薬をなかなか飲まなかったのは困ったな。でも、はちみつに混ぜたら飲んでくれたから、次も同じことがあったらはちみつを使ってみよう。

C　猿は目がよくて賢いから薬が見えるとバレてしまうことが分かった。次は薬を見えないようにして出してみよう。

このように、動作化を入れて、文章の内容を具体的に想像できるようにしてから、筆者になりきった日記を書くことで、筆者の思いを自分なりに想像した子供たちの思いを引き出すことができます。

WATCH

筆者になりきって文章を書く場合、本文をなぞるだけの子供たちが出てくることもあります。それはそれで文章をよく読んでいることを認め、自分なりの思いを入れて表現している子供の考えを価値付けて学級全体に広げていきます。

（大島貴浩）

6

子供の思いを引き出す授業技術

初読の気付きを深める単元づくり

POINT 1 文章と、どう出合わせるか

特に物語教材において、どのように文章と出合わせるかは大切です。「自分で読みましょう」という出合わせ方は、子供によっては難しいかもしれません。集中して読むことができなかったり、意味が分からない表現がたくさんあったりして、文章のおもしろさを十分に味わえないことがあるからです。そうなると、その後の学習に意欲をもつことも難しくなります。

そこで、教師が絵本などを使って読み聞かせることで、文

読み聞かせによる教材との出合い

章と出合わせます。教師は、子供の様子を見て読み聞かせるスピードを調整したり、難解な言葉を解説したりすることができます。教師の読み聞かせによって文章と出合うことで、多くの子供がおもしろさを味わうことができるでしょう。おもしろさを味わった子供からは、様々な気付きが溢れてきます。

POINT 2 初発の気付きを整理する活動

文章とのよい出合いができた子供は、様々な気付きを表出します。この気付きを整理する活動を位置付けて単元を構成します。

例えば、表に「プラスの気付き」「マイナスの気付き」「どちらとも言えない気付き」を整理させることが考えられます。気付きを整理することを通して、子供は文章に描かれた内容について、その傾向を捉えることができます。「プラスが多い物語だな」などと傾向を捉えた子供は、「どうしてプラスが多くなるかというと……」などと、さらなる気付きに向けて学びを進めていきます。このようにして、どんどん気付きが連鎖していくことで、文章の理解が深まっていきます。

事例　初読の気付きを深める単元づくり

白いぼうし（小学4年）

子供は、文章の読み聞かせを聞き、初発の感想を記述しています。多くの子供たちから「女の子は蝶かもしれない」などの予想、「どうして女の子は消えたのか」という疑問が出されました。

T　前回の授業で「白いぼうし」の読み聞かせを聞いて感想を書きましたね。感想の中で、予想や疑問を書いている人がたくさんいました。

C　予想を書いたよ。

C　女の子は蝶かもしれないとか。

T　そうそう。今日から、予想したことを整理していきたいと思います。ノートに横線を引きましょう。横線の右端は物語のスタート、左端は物語のゴールです。予想や疑問を、時の順序に合わせて書いていってみましょう。

C　予想や疑問以外も書きたい。

T　じゃあ、横線の上は予想と疑問、下は他の感想を書いていきましょう。時の順番で書くんだよ。

子供それぞれが下の板書のように、気付きを時系列に整理していきます。整理の過程で得た気付きもどんどん書き込むように促します。

WATCH

整理する活動は、二・三コマ程度たっぷりと時間を設けます。子供たちがそれぞれ自分のペースで活動できるようにするためです。早々に「完成した」という子供には、教師から個別のめあてを与えたり、他者と交流させたりして、活動を続けられるように支援します。

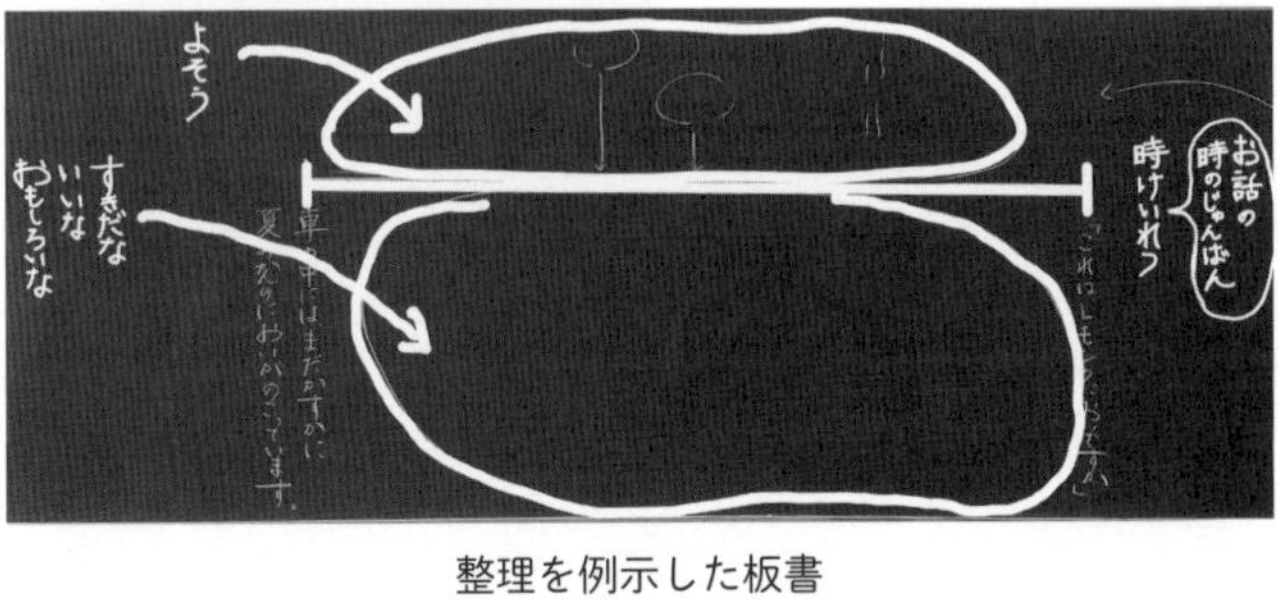

整理を例示した板書

（中野裕己）

全員参加を実現する

授業技術

全員参加を実現する授業技術

7 授業始めのルーティーン化

POINT 1 様々な音読方法から子供が選択して音読を楽しむ

読み物教材の学習の際には、多くの教室で音読が行われていることでしょう。いろいろな音読の方法を子供が知り、どの音読の仕方に、誰と、どこで取り組むのかを選択させることが有効です。

例えば、授業開始前に音読を自由に始めていいことを学級の文化とします。そうすることで、よいことが三つあります。一つ目は、授業の始まり方が決まっているため、見通しをもって授業に参加できることです。二つ目は、声を出すことで発言しやすい雰囲気を生むことです。多くの子供が友達と音読することを選択するので、楽しい雰囲気で授業を始めることができるのです。ここで十分に声を出せていない子供については、様子をよく見取り、その後の授業でも注意深く観察していきます。三つ目は、子供は演じることが大好きなので、自然と動作化する姿が生まれやすいことです。この動作化のメリットはポイント2で詳しく述べます。

POINT 2 動作化でどの子供も教材文の世界を理解する

音読の方法を選択できるとなると、経験上、多くの子供が劇のような形で読み始めます。動作化です。すると、子供たちの中で、議論が起こることがあります。「登場人物は、そうやって歩いていないよ」などと、他者の動作について指摘する姿です。教師はそのような望ましい姿があったときにその場で価値付けたり、動画に撮ったりしておきます。特に、学習内容に関わる指摘は、学級全体で共有できるようにします。

事例 授業始めのルーティーン化

モチモチの木（小学3年）

授業の始めに音読をしているグループを見回って、学級全体に共有したい内容はないか探します。あるグループのやりとりに教師が介入した例を紹介します。

C 「おくびょう豆太」のところを読もう。
C 豆太役がやりたい人。（役を決めていく）
（中略）
C そこは、豆太とじさまはもっと近づいているんじゃないの。ぎゅっとしているんだよ。だって豆太は憶病だから。
T （音読をしているグループを見回りながら）教科書を読んで、場面の様子を思い浮かべて劇のように音読していますね。
（中略）

T それぞれのグループでは、どのような読み方をしていましたか。
C 丸読みです。
C 劇みたいに読んでいました。
T 豆太とじさまの距離について、音読の途中で話し合っていましたね。
C 「おくびょう豆太」のところを読んでいて、豆太は、夜がこわいから、豆太役の人とじさま役の人はもっとぎゅっとくっついた方がいいよって話していました。

よい読み方をしているグループの様子は全体で共有を図ります。豆太とじさまの関係性について捉えた後に、再びこのやりとりを取り上げることで、二人の距離感に関係性が表れていることを実感させることができます。

WATCH

自由に音読するようにしていると、新しい読み方を子供が発想していきます。子供が生み出した「カエルの合唱読み」は次の人に追い越されないように、スラスラ読む方法だそうです。音読練習の成果を楽しく試せる活動です。

（久住翔子）

全員参加を実現する授業技術 2

Which 型の発問

POINT 1 子供の問題意識から選択肢をつくることで全員の課題にする

Which 型の課題では、一部の考えしか取り上げられないこと、また選択肢を教師から提示することなど、全員参加の授業と言えるのかという懸念があるかもしれません。しかし、子供の問題意識から課題を創り上げることでそれを払拭することができます。

例えば、ある子供の疑問を学級全体で共有し、その困り感に寄り添ったり疑問に対する答えをみんなで考えたりします。また、多様な考えが生まれそうな問いについていくつかの考えを子供から出させると、「どれが本当なのかな」「はっきりさせたいな」という願いが生まれます。このような問題意識が生まれたところで、子供の考えを選択肢に整理します。このようにして、子供たちが考えたい問いを Which 型の課題として創り上げることで、全員参加を図るのです。

POINT 2 選択肢を読み深めのきっかけにする

課題をWhich型にして選択させることは、子供が考えをもつことができ、読み返す部分が焦点化されるというメリットがあります。まず立場を選ぶことで、自分がその選択肢を選んだ理由について考えることになります。考えがもてなかったり、考えを表現できなかったりしたとしても、選択することで対話のきっかけが生まれるでしょう。また、選択肢自体を比較したり結び付けたりする思考を促すことで、読みの深まりが期待できます。このように、選択肢の機能は子供によって様々です。また、選択肢に「考え中」を入れることは、子供のプライドを守るちょっとした支援として大切です。

事例 Which型の発問

時計の時間と心の時間（小学6年）

一時間目には初発の感想を書き、二時間目には文章構成図を考えました。以下に紹介するのは三時間目の事例の内容を読み比べて、順序について考える授業の例です。

T （事例の数を確認した後に）③④⑤⑥（段落番号）の中で、一番分かりやすい事例はどれかな。

C ③（段落番号）です。みんなが共感できるからです。

C 私も③で、自分も同じように感じるからです。

C みんなが経験ありそうなことだから、分かりやすいよね。

C 短い文章で、楽しいときとそうでないときのことが、はっきり書いてあるもんね。

C 私は⑥です。簡単にできるから、本当にそうなのかやってみて分かるからです。

C ⑥は今すぐにできるのが、いいですよね。④、⑤は結果がグラフと図で見て分かるけれど、すぐにはできないですよね。

T　それなら、⑥の事例を最初にしてもいいのではないですか。

C　③で、共感しているから、実験してみようと思うから、⑥は最後がいいと思う。

C　事例は順序も大事なんだね。

「どうしてこの順番なのか」と問わずに、「一番分かりやすい事例は？」と投げかけることで誰もが参加しやすくするだけでなく、自分の経験を基に自然と思考することができます。また、事例の順序を考えるときに「分かりやすい」という視点が与えられているので考える内容が焦点化されることになります。

WATCH

順序について扱う場合は、「順序を変えてもいいか」、とゆさぶることで思考がさらに働きます。Which型の課題の場合、考えが拡散しやすいので、授業の後半に収束させる発問を行うことが効果的です。

（久住翔子）

3 全員参加を実現する授業技術

挿絵とセンテンスカードを組み合わせた板書

POINT 1 見るべきポイントを視覚化・焦点化する

文章のみで内容理解することが難しい子供に、挿絵に注目させることは重要です。さらに、センテンスカードのように、注目すべきところに焦点化することで、学習に取り組みやすくなる子供が増えます。このとき、挿絵の注目させたい部分を拡大したり、センテンスカードであれば、必要に応じて教師が内容を短くまとめてカードにしたりなど、ねらいに即した上で端的に提示できるようにします。

また、センテンスカードであれば、特につなげて考えると効果的な部分や、比較させたい部分、子供が見落としそうだけれど読み取ってほしい部分をカードにすると効果的です。

POINT 2

挿絵とセンテンスカードをつなげる

挿絵とセンテンスカードをつなぐために、まずはどのセンテンスカードと、どの挿絵がつながるのか（どのセンテンスカードが、どの挿絵を指しているのか）を考えさせます。次に、どうしてそのセンテンスカードと挿絵が結び付くのかを話し合わせます。具体的には、「センテンスカードの記述のこの部分と、挿絵のこの部分がつながる」、などと詳しく見ていけるようにします。また、このときに大切なのは、センテンスカードに書かれている内容の周辺の叙述にも着目させるということです。そのために、センテンスカードの叙述が、教材文のどこに書いてあるかを確認させることが重要です。挿絵とセンテンスカードをつなげる過程で、センテンスカードにしていない叙述にも読みが広がっていきます。

事例

挿絵とセンテンスカードを組み合わせた板書

『鳥獣戯画』を読む（小学6年）

「『鳥獣戯画』を読む」という題名について考えることで、教材を読み深める授業の例です。初めに、挿絵とセンテンスカードを提示して、その後の考える材料として使えるようにします。

T　（挿絵とセンテンスカードを提示し）カードは挿絵の中のどこを指しているかな。

C　「兎を投げ飛ばした蛙の口から線が出ている」はウです。

C　「もんどりうって転がった兎の、背中や右足の線（中略）目も口も笑っている」はエです。

T　「もんどりうって…」とあるけれど、**挿絵のどこの部分を指しているのかな。**

C　（挿絵の該当部分を指しながら）もんどりうって転んでいるのはこれでしょ……。

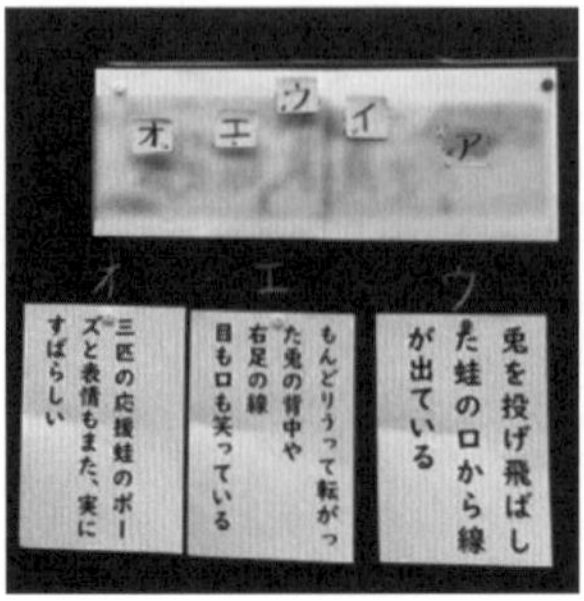

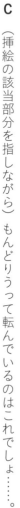

（中略）

T みなさん挿絵をよく見ていますね。ところが、この教材の題名は、「鳥獣戯画を見る」ではなくて「読む」なんですよね。

C 本当だ。絵なのに、なんで「読む」なんだろう。

この後、「題名は『鳥獣戯画を見る』でもいいか、よくないか」という Which 型の課題につなげて、筆者の意図に迫ります。筆者の意図として、言葉と挿絵で『鳥獣戯画』の素晴らしさを伝えたい、絵巻物を読み取る楽しさを伝えたいのではないかと子供は考えます。「三匹の応援蛙のポーズと表情もまた、実にすばらしい」という叙述から、絵巻物を読み取ろうとするから表情の素晴らしさに気付けると考えを深めます。

WATCH

実際に挿絵を指さしながら、センテンスカードと対応している箇所を確認します。時には教師がとぼけて複数人の子供に指さしてもらうことで、子供の参加度を高めていきます。

（久住翔子）

4 全員参加を実現する授業技術
「がんばり」と「深まり」の自己評価

POINT 1 単元を板書写真で振り返り、がんばった課題を選択する

単元を通してどのような学びをしてきたのか、すぐに話せる子供は少ないでしょう。そこで、全時間の板書写真を見ながら時系列順に学びを振り返ります。このときに、自分のノートの該当ページを開くように指示します。これにより、ノートのどこにその学びがあるのか自分で探せない子供も、板書写真を手がかりに見つけることができます。そして、「(写真を見せながら) この中で、自分ががんばったなあと思う勉強はどれ?」と問います。この発問は、板書写真の中から選ぶよう指示していますので、単に「がんばった勉強は?」と問うよりも、子供にとって答えやすくなります。

POINT 2
がんばった授業に選んだ理由を指導事項と関連付ける

先ほどの、板書写真で振り返りをする際に、国語的な読み方のポイントも合わせて復習をします。例えば、性格は会話文や行動を表す複数の叙述から読み取ることなどがあります。このようなことは、学習したときに学習用語としてキーワード化し、短冊で掲示しておきます。

子供が自己評価を書き始めたら、実際の記述を取り上げて、短冊に書かれたキーワードとの関連を解説します。

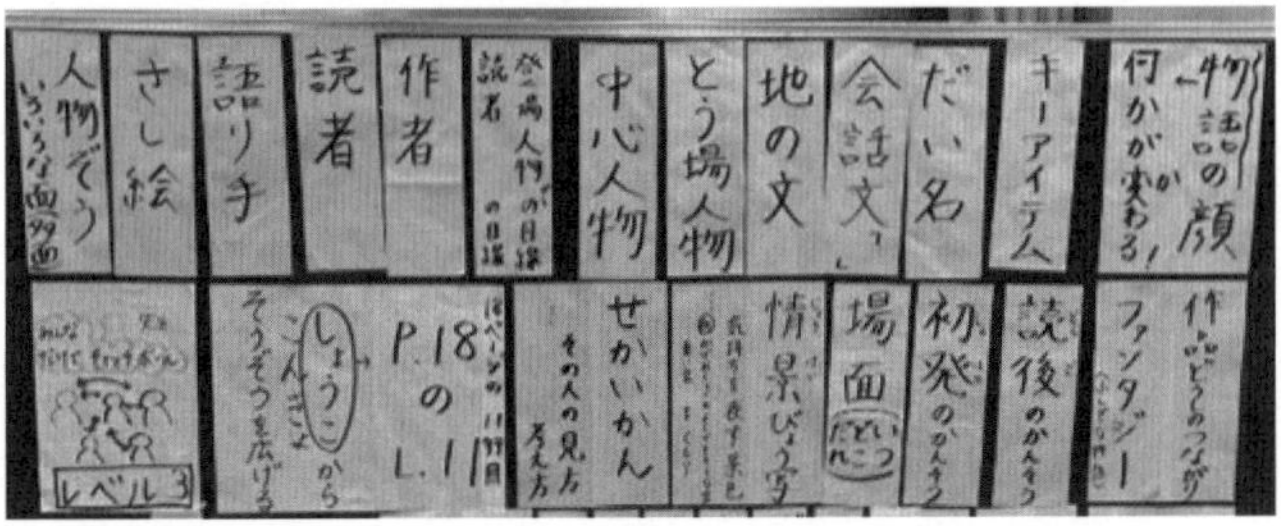

事例

「がんばり」と「深まり」の自己評価

まいごのかぎ（小学3年）

単元の最後に、振り返りの時間を一時間取ります。以下はその授業場面です。

T　「まいごのかぎ」の勉強を振り返りましょう。（板書の写真を見せながら）一時間目は、初発の感想を書きましたね。「まいごのかぎ」という題名に着目して読んでいる人が多くいました。そこから、「まいごのかぎは、だれのものか」という大きな問いをみんなで立てましたね。（中略）では、「まいごのかぎ」の勉強の中で、がんばったな、よくできたなというところはどこですか。

C　りいこがどこで嬉しい気持ちに変わったかを考えたところです。いっぱい友達の考えを聞いて考えたからです。最初は分からなかったけれど、不思議なことはうさぎがりいこのためにしたのだと思います。

T　「最初は分からなかったけれど」と、勉強する前と勉強した後の自分を比べて書いていていいですね。自分の成長が分かるのはすごいことです。

C まいごのかぎは、誰のためのかぎかを話し合った勉強です。「よけいなこと」が何かを思い出して考えたからです。「また」って言っているから、りいこが自信がないということもつなげて話し合いました。

T いくつかの根拠をつなげたり、「また」がある場合とない場合を比べて人物の性格を想像したりすることができたね。つなげたり、比べたりする考え方が得意だね。

短冊の用語を使って、子供の読み方や考え方を一般化して、汎用的に使える力として、価値付けます。

WATCH

使用済みノートを「宝の山ノート」として貯めておくのもおすすめです。一年間の最後に、単元終末の学習と同じように振り返ります。ここでは「どの勉強をがんばった?」と単元レベルで選ばせる発問をし、ノートと掲示してある短冊を基に子供に学びを振り返らせます。（参考：土居正博『1年生担任のための国語科指導法』明治図書）

（久住翔子）

5 全員参加を実現する授業技術

削除を提案するゆさぶり発問

POINT 1

削除を提案＝仮定する力をつける

学びを深めるために、「もし○○だったら……」と仮定する活動が有効だと考えます。しかし、仮定するという思考方法はレベルが高く、最初から子供自らが行うのは難しいでしょう。そこで、削除を提案する発問をします。「もし○○だったら……」の○○に別のものをあてはめるより、「もし○○がなかったら……」と、ある場合とない場合を示す方が考えやすいでしょう。そして、削除を提案することは、子供の拡散した思考を焦点化することにもなります。授業の後半に、削除を提案するゆさぶり発問をすることで、育成したい国語の力に迫っていくことができます。

POINT 2 削除を提案するゆさぶり発問で、授業の後半に立場を選択する

授業の後半に削除を提案するゆさぶり発問をすることで、子供たちが立場を選択する場面をつくることができます。「もし○○がなかったら……」と考え、想像した上で、「あった方がいい」「なくてもいい」「どちらでもいい」「考え中」などと示し、立場を選択させます。選択させることで、具体的に場面を想像することが難しいと感じている子供でも、参加しやすくなると考えます。また、授業の後半だからこそ、考えが拡散して収束させたいときに、削除を促すゆさぶり発問を行うことが有効です。

なお、削除の是非を考える部分は、国語的な価値がある部分です。説明文であれば、筆者の意図や文章の構成に大きく関わるような部分、物語文であれば登場人物の変容や主題の読み取りに関わるような部分がふさわしいでしょう。

事例　削除を提案するゆさぶり発問

こまを楽しむ（小学3年）

「初め・中・終わりの三つにどこで分けられるか」を授業の前半に考えた後、削除を提案するゆさぶり発問を行う授業場面です。

T　初めの部分はなくても文章の意味が通じるから、なくてもいいのではないかな。

C1　ない方が、文章が短くなっていいかもしれないなあ。

C2　あった方がいい。初めがないと変だから。

C3　あった方がいいと思う。だって、初めの部分に問いが書いてあって、問いがないのに答えが書いてあるのはなんかおかしい。

C4　問いがあるから、これからこういうことを言いますって、分かると思う。最初に文章の中身を紹介しているんだよ。

C5　一段落目がなくても、題名が「こまを楽しむ」だから、題名で内容が分かるよ。

C6　でも問いが二つあって、その順番に答えを二つ言っているから、題名で内容が分かりそうだけど、初めは必要だと思う。

以降は、二つの問いの順番に答えが書かれていることに着目させて、学習を進めます。

C5のような発言が出ない場合には、教師から出し、題名にも着目させるなど、指導事項に子供たちが触れられるようにします。

この授業の終末には、初め・中・終わりの構成の大切さ、問いと答えの関係を詳しく捉えることの大切さを価値付けます。

WATCH

削除を提案する発問の場合、最終的な落としどころとしたいのは、ある方がよい、というところです。ただ、ない方がいいという子供に寄り添うことで、一人一人の考えを大切にしていく雰囲気づくりに努めます。

（久住翔子）

6 全員参加を実現する授業技術
並行読書の効果を高める話し合い

POINT 1 グループで役割分担しながら並行読書をする

主教材として扱う文章の他に、関連図書を読み進めることがあると思います。そんなとき、もともと読書が好きな子供とそうでない子供の意欲の差に悩むことはないでしょうか。このような場合には、グループで役割分担しながら読み進めるリテラチャーサークルという読書法が有効だと考えます。実践の手順は、次の通りです。

①教師が子供に読ませたい本を紹介する。
②読みたい本を選び、同じ本を選んだ人のグループを作成する。
③グループごとに読む範囲を決める（4回くらいで読み切るように。例：1章～3章まで、40ページまで等）。

④自分の読む役割を決める。【役割…「思い出し屋（内容に関わる経験を思い出す）」「質問屋（内容についての疑問を考える）」「段落屋（場面の内容をまとめる）」「イラスト屋（場面の様子をイラストで表す）」】

⑤自分の役割で、グループで決めた範囲を読む。

⑥役割に基づいてグループで話し合う。

⑦③〜⑤を何回か繰り返して、一冊の本を読み切る。

⑧自分たちのグループで話し合ったことを、クラスに紹介する。

（参考：足立幸子「読んで、書いて、話し合う読書の時間」『学校図書館』第706号）

POINT 2 「質問屋」の疑問が鍵になる

話し合いの最初には、自分がどのような読みをしたのかを、同じグループの友達に伝えます。それに対して、感想や質問をするなどしていきます。ポイントとなるのは、疑問を見つける質問屋です。ここで、主題や作者の生き方・考え方に迫るような質問が出ると一気に読みが深まります。

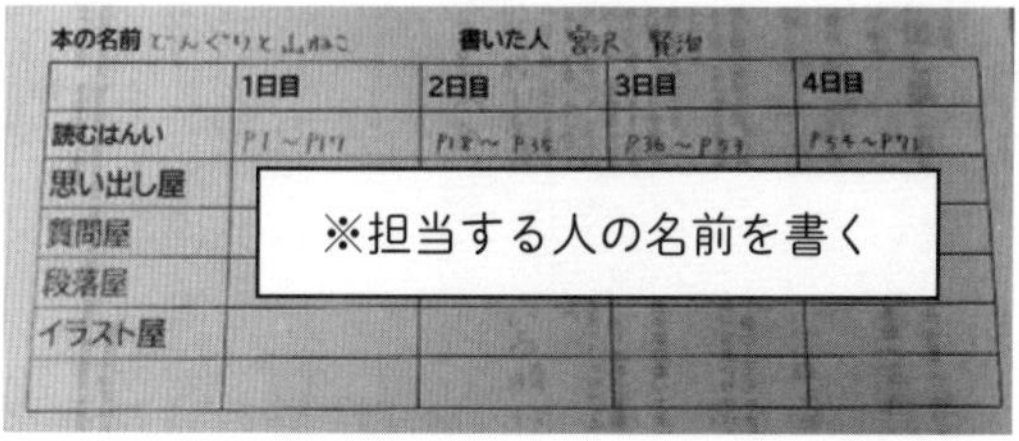

事例

並行読書の効果を高める話し合い

やまなし（小学6年）

「セロ弾きのゴーシュ」をリテラチャーサークルの手法で読んだ事例を取り上げます。発話は、教師がある一つのグループに介入している場面です。なお、教科書に「やまなし」の副教材的に掲載されている「イーハトーヴの夢」を読んで、そこに表れている宮沢賢治の生き方を、生き方カードにまとめる活動を事前に行っています。

T　どんな質問が出ましたか。

C　なんで猫が動いてしゃべるのだろう。

C　分からないけれど、他の宮沢賢治さんの本も、動物がたくさん出ているよ。

C　宮沢賢治さんが、動物がしゃべると想像しているんじゃないかな。

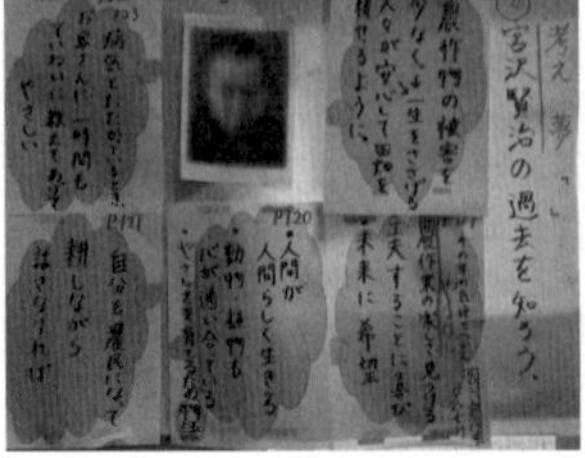

C　生き方カードの動物や植物も心が通い合っているっていうのと、関係がありそう。

C　それと同じページに、人間が人間らしく、とも書いてあったよ。

C　「やまなし」ともつながるよ。人間が人間らしく、っていうのは、かわせみがかわせみらしく、ということでしょ。

（学級全体での交流場面）

T　どんな質問が出て、どんなことを考えたのかな。

C　「セロ弾きのゴーシュ」の物語で、動物とゴーシュがしゃべります。生き方カードで「人間が人間らしく生きて、動物も植物も心が通い合っていて」とありますよね。賢治さんは人間も動物もみんな同じだと言いたくて、だからかわせみの命も大切なのかなと思いました。

WATCH

作者の生き方について、子供が考えられるように適度に介入したいところです。介入するグループを構想しておくためにも、事前にどんな読みをしたのかを書いたカードを集めておくこともよいです。

（久住翔子）

対話・協働を促す授業技術

対話・協働を促す授業技術

7

主教材と構成が類似した文章の活用

POINT 1

主教材と構成が類似した教材を選定し、それぞれの教材の特徴を把握させる

主教材と構成が類似した教材を提示し、それらの教材を読み比べさせることを通して、それぞれの教材の特徴に気付かせることができます。教科書教材の中でも、構成が類似した教材をセットにした単元配列が行われています。例えば、「笑うから楽しい」を読んだ後に、「時計の時間と心の時間」を読み進めていくというような単元配列です。構成が類似した短めの教材を先に読み、そこで得た読みの観点を二つ目の教材で活用しながら読み進めていくという子供の姿が期待できます。しかし、学びを活用する姿は表れても、二つの教材を比較しながら対話し、考えを深めていくような姿は生まれないでしょう。それは、「活用」を前提として教材を選定しているからだと考えます。そうではなく、子供に比較

の思考を促し、対話を活性化していけるような教材を、教師が選定することが重要です。その上で、それぞれの教材にはどんな特徴があるのかを教材研究の段階で明らかにしておきます。「構成が類似している」「テーマや内容が類似している」「文章量が同じくらい」といったポイントを押さえて選定することで、子供たちは「これらの文章は似ているな。その共通点は……」と共通点について考え出すでしょう。

POINT 2

二つの教材の相違点を問う

提示された二つの教材の共通点を考えた子供に対し、それらの教材の相違点を問います。子供は、二つの教材を比較しながら、どんな相違点があるかを対話・協働しながら読み取っていきます。構成やテーマ、内容が類似している教材から見出せる相違点は、「具体例の示し方の工夫」や「表現の工夫」といったところになります。それらは、一つの教材だけを読んでもなかなか気付くことができず、教師が教えてしまうことが多くなりがちです。構成が類似した教材を比較して考えることにより、子供たちがそれぞれの教材の特徴を自らの力で読み取っていくことができるのです。

事例

主教材と構成が類似した文章の活用

すがたをかえる大豆（小学3年）

子供たちは、「すがたをかえる大豆」を読み、構成や内容の大体を読み取りました。そんな子供たちに対して、構成が類似した教材「ミラクルミルク」を提示し、読み聞かせました。そして、その後、二つの教材の相違点を問いました。

T　「すがたをかえる大豆」と「ミラクルミルク」で似ているのはどんなところかな。

C　「はじめ」に問いがあります。「終わり」に「このように」と書かれています。

C　「昔の人の知恵や工夫」について書かれているのも同じです。

C　まず、作り方やでき方が書かれていて、その後に変身しているのも似ています。

T　たくさん似ているところがありますね。特に、「はじめ」と「終わり」の部分が似ているんですね。**それでは、「中」の部分で違うところはありますか。**

C　「大豆」の方は、今の作り方について書かれているけど、「ミルク」は昔のことや誕生したときのことが書かれています。

C「大豆」の方は、変身の数が五つだけど、「ミルク」は三つです。「ミルク」の方が変身の数は少ないけど、詳しく書かれています。

C「大豆」には日本の変身のことだけ書かれているけど、「ミルク」は世界のいろいろな変身について書かれています。

C「大豆」の方は、簡単さや時間とか、姿を変えるレベルが順番になっていたけど、「ミルク」はそうなっていないと思う。だから、「大豆」の方が分かりやすい。

このように、構成が類似した文章を比較して読ませることで、対話を活性化させることができます。子供は、その対話を通して、それぞれの文章の特徴に気付いていきます。

WATCH

子供は、構成が類似した二つの教材に出会うと、自然と比較しながら思考していきます。構成が類似した副教材に出会わせる前の段階で、主教材の読み取りをきちんとしておくことで、より教材間の相違点に気付くことができるはずです。

（渡邉裕矢）

対話・協働を促す授業技術

2 二段階の発問

POINT 1 子供の学びの姿をイメージし、子供の思考に沿った発問を考える

教師は、子供たちに教えたいことや学ばせたいことを基に発問を考えます。しかし、それが子供の思考に沿っていないものになってしまっては、主体的な対話の様相とはなりにくくなります。

そこで、どのような発問で、子供がどう反応するかを想定しながら二段階で発問を考えることが大切です。例えば、「モチモチの木」で「臆病な豆太は、勇気のある豆太に変わったのか」と一段階目の発問をします。子供は「じさまのために医者様を呼びに行けたから勇気がある」や、「最後の場面でも一人でせっちんに行けないから、臆病なままだ」などと考えます。おそらく考えは二分するでしょう。そこで、「いつも一緒にいるじさまは、

どう考えているでしょうか」と二段階目の発問をします。すると、子供は「一人でせっちんに行けなかった豆太が暗い夜道を一人で走って医者様を呼びに行ったから、やっぱり勇気がある豆太に変わったと思う」や「じさまに甘えたいからそう言っているんじゃないか」などと、豆太の変容について着目しながら考えていくことができます。

このように、子供の学びの姿をイメージし、子供の思考に沿った発問を考えることで新たに考える視点が生まれ、対話・協働をしていく子供の姿が期待できます。

POINT 2 一段階目の発問における子供の考えを、分かりやすく可視化する

子供の思考に沿った発問を考え、二段階目の発問にうまくつなげていくためには、一段階目の発問における子供の考えを分かりやすく可視化することが有効に働きます。そうすることで、子供たちは自分たちの考えの共通点や相違点に気付くことができます。そして、その気付きを取り上げながら二段階目の発問を投げかけます。そうすることで、子供たちの思考をつなげながら、対話を活性化していくことができます。

事例 二段階の発問

ごんぎつね（小学4年）

一段階目の発問として、「ごんと兵十はどんな人物ですか」と発問し、それぞれの人物像を読み取っていきました。そして、読み取ったことを全体で共有し、共通点について二段階目の発問を投げかけました。

T **ごんと兵十はどんな人物ですか。**読み取ったことを教えてください。

C ごんは、いたずらばかりしている。いじわるなきつね。

C ひとりぼっちの小ぎつねって書いてあるから、家族がいないのかな。

C 兵十は、こわれた家に住んでるし、ぼろぼろの服を着ているから、貧乏だと思う。

C おっかあのためにうなぎを捕っているから、心優しい人だと思う。

C たくさんいたずらをされているから、ごんに恨みがある。

C おっかあが死んでしまったから、家族がいなくなった。

T 今、たくさんの意見が出てきたけど、**「ひとりぼっち」が共通しているね。この「ひとりぼっち」って同じ意味かな。**

C 違います。ごんは、生まれたときからひとりぼっちだけど、兵十にはおっかあがいた。

C 兵十には、弥助や加助、吉兵衛などの友達がいたから、ひとりぼっちじゃない。

C 同じひとりぼっちだけど、ごんの方がかわいそうだな。

このように、二段階の発問を投げかけることで、子供は対話・協働しながら人物像を読み深めていくことができます。

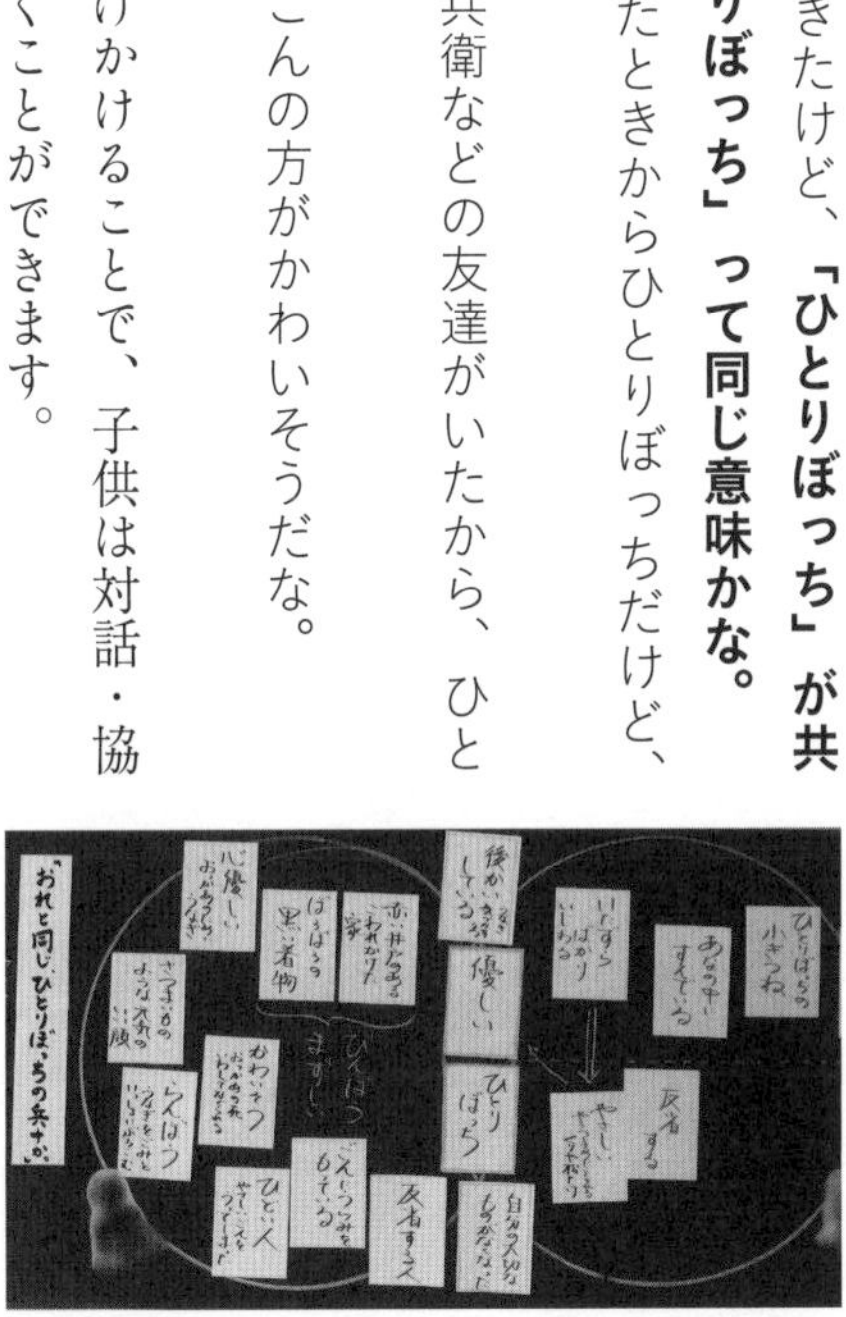

WATCH

一段階目の発問で引き出したい考えがあっても、うまく子供から出てこないことがあるかもしれません。そんなときも、教師が一方的に与えるのではなく、子供に問い返しながら自然に考えを引き出すことが大切です。

（渡邉裕矢）

対話・協働を促す授業技術

3 ペア→グループの話し合い

POINT 1

それぞれの話し合いにおける目的を明確にして活動を設定する

ペアやグループでの話し合いを通して、対話を経ながら自分の読みを深めていくことができます。

このときに大切なのは、それぞれの話し合いにおける目的を明確にしておくことです。例えば、ペアの話し合いの目的としては、「少人数による話しやすさ」や「話し合い参加の必然性」などが挙げられるでしょう。ペアでも「同じ考えの人同士」という条件を加えれば、「自分の考えに自信をもつ」や「考えの強化」などにつながります。また、グループでの話し合いの目的としては、「多様な考えに触れる」などが挙げられるでしょう。より多様な考えに触れることができるように、意図的なグループ編成を行うことも考えられるでしょう。

このように、それぞれの話し合いにおける目的を明確にしておきます。その上で、どのタイミングで、どのような形態で話し合いを設定するかを考えておきます。そうすることで、より効果的な対話を促すことができるでしょう。

POINT 2 多様な考えが生まれる発問を工夫する

ポイント1のように、話し合いの目的を明確にして活動を設定しても、皆が同じような考えをもっていては、話し合う必要感がなくなります。子供は、「自分の考えに自信がないとき」や、「いくつかの選択肢の中で迷ったとき」に他者の考えを求めます。そこで、より考えを交流したくなるように、多様な考えが生まれる発問を工夫することが重要です。その際には、どの考えにも妥当性がありそうで、子供の考えが割れそうな発問が望ましいでしょう。そうすることにより、子供は話し合う必要感をもち、より活発に対話をしていくことができます。

事例　ペア→グループの話し合い

帰り道（小学6年）

子供はクライマックスの天気雨の場面に着目し、律と周也の変容を読み取ろうとしています。そこで、そこに描かれている二人の会話文に着目させ、話し合いました。

T　1にも2にも、まったく同じ言葉で描かれているところが一か所だけありますね。

C　「行こっか。」「うん。」のところ。

T　そうですね。これは、どちらがどちらの言葉を言ったのでしょうね。

C　う〜ん。「行こっか。」が律で、「うん。」が周也かな。迷うな、難しい。

T　迷っている人もいますね。それでは、**自分の考えを隣の人に紹介してみましょう。**

C　ぼくは、「行こっか。」が律で、「うん。」が周也だと思うんだよね。2に「ぼくは初めて、律の言葉をちゃんと受け止められたのかもしれない。」ってあるからきっと最後も周也が律の「行こっか。」という言葉を受け止めたと思う。

C 私も同じ。ーで「周也にしてはめずらしく言葉がない。」から、後に言ったはず。

T それでは、次に**グループのみんなで話してみましょう。**

C どっちだと思った？ さっきのペアだと、二人とも同じ考えだったんだけど。「行こっか。」が周也で、「うん。」が律と考えた人、いる？

C 私、そう考えたよ。2で「律は雨あがりみたいなえがおにもどって、ぼくにうなずき返した」とあるから、周也の思いが高まって「行こっか。」と自分から言った。

C あ～、なるほど。そういう考えもありそうだね。どちらの考えもありそうだ。

このように、ペア→グループで段階的に話し合いを行うことにより、対話を通して様々な考えに触れ、自分の読みを深めていくことができます。

WATCH

グループの話し合いは、より多様な考えに触れさせたいものです。違う考えをもっている子供同士を交流させるために、時には意図的にグループ編成をすることも有効な手立てとなります。

（渡邉裕矢）

4

対話・協働を促す授業技術

ジグソー学習

POINT 1

読みを深めることができる役割を設定する

ジグソー学習とは、あるテーマや課題について、役割分担をして調べ学習を行い、自分が調べた内容を教え合う学習法です。ジグソーパズルを完成させるように、課題解決のためにお互いが調べた情報を出し合って、対話・協働しながら考えていくことができます。

一般的に、①課題に対する自分の役割を決める。②同じ役割の仲間と考える（エキスパート活動）。③違う役割の仲間と考える（ジグソー活動）。④全体交流を行う。⑤再び、課題について考え直す。というようなステップで学習を展開します。

ここで重要になるのは、どのような役割を設定すればより深い読みにつながるかを教材研究の段階で教師側が考えておくことです。対話が活性化したとしても、読みが深まらなければ国語科の学びとして価値がありません。例えば、「ごんぎつね」であれば、「ごんと兵十は、仲良くなることができたのか」という課題を設定し、「ごんの視点」「兵十の視点」「情景描写」といった役割で、分担しながら考えていくことができます。すると、子供は、それぞれの役割で得た考えや叙述を関連させながら、両者の心情の変化の理由をより深く読み取ることができるのです。

POINT 2

誤読をしたり、進め方に困ったりしている役割グループへの積極的な関与

ジグソー学習は、子供の主体性を大切にした学習法です。できる限り、教師の関与は少ない方が望ましいと考えます。しかし、誤読をしたり、進め方に困ったりしている役割グループには、積極的な関与が必要です。誤読をしている役割グループには、「それは、どこからそのように考えたの?」「本当にそう言えそう?」などと問いかけながら誤読に気付かせます。また、進め方に困っている役割グループには、「どんなことに困っている?」「何か手伝おうか?」などと声をかけながら、必要な支援を行っていくことが重要です。

事例

ジグソー学習

大造じいさんとガン（小学5年）

子供たちは、山場の場面で「大造じいさんはどうして残雪を助けたのか」という課題をもち、追究しようと考えました。そこで、どのような役割で考えればよいかを子供たちに問うと、単元を通して学習してきた「大造じいさんの人物像や行動」「残雪の行動」「情景描写」を挙げました。そこで、その三つの役割で、ジグソー学習を行いました。

（大造、残雪、情景は、発言者の役割を示しています）

大造　大造じいさんは、残雪が仲間を助けた行動を見て心を打たれたんだと思う。「が、なんと思ったたか、ふたたびじゅうを下ろしてしまい」と書かれているから。

残雪　「残雪の目には、（中略）ただ、救わねばならぬ仲間のすがたがあるだけでした。」と書かれている。大造じいさんのことも忘れ、仲間を助けようと必死だった。

情景　「羽が、白い花弁のように、すんだ空に飛び散り」という表現が、戦いの激しさを表しているよね。

大造　そこもそうだけど、やっぱり三場面の最後の部分だよね。「大造じいさんは、強く心を打たれて、ただの鳥に対しているような気がしませんでした。」のところ。

残雪　そうそう。それはやっぱり、残雪の行動だよね。敵である大造じいさんを正面からにらみつけ、大造じいさんが手をのばしても、残雪はもうじたばたさわがなかった。頭領としての威厳を傷つけまいと努力する態度に強く心を打たれた。

情景　そうして大造じいさんの気持ちが変わって、四場面の「らんまんとさいた～」という表現で、大造じいさんの優しい気持ちが描かれている。

このように、ジグソー学習を行うことで、様々な叙述を根拠にして対話・協働しながら、中心人物の心情の変容についての読みを深めていくことができます。

WATCH

ポイント2でも書いたように、エキスパート活動で自分の役割についての考えをしっかりともてていないと、ジグソー活動が停滞してしまいます。エキスパート活動の段階で、一人一人がきちんと考えをもてるように支援をしておきます。

（渡邉裕矢）

対話・協働を促す授業技術

5 一番を問う発問

POINT 1

自覚させる読みの観点を明確にする

物語を読んでいくときには、登場人物、場面、山場、情景描写、行動など様々な観点で読み進めていきます。それらの観点を自覚させるために、一番を問う発問は有効に働きます。例えば、「大造じいさんとガン」で、「大造じいさんが残雪への見方を一番変えたと感じたところはどこですか」と問います。すると、子供は「残雪の目には、人間もハヤブサもありませんでした……」の文や「大造じいさんが手をのばしても……」の文などを選び、その理由も一緒に考えるはずです。ここでは、「気持ちの変化」という観点に自覚的になることができます。また、「一番素敵に感じた表現はどれですか」と問えば、「東の空が真っ赤に燃えて……」の文や、「らんまんとさいたスモモの花が……」の文を選ぶでしょう。

ここでは、「情景描写」という観点に自覚的になることができます。

　このように、捉えさせたい指導内容を明確にし、一番を問う発問を構想します。観点が明確であることによって、対話・協働をしながら学びを深めていく子供の姿が期待できます。

POINT 2 一番を決めることを目的としない

　一番を問うて授業を進めると、一番を決めることが目的となってしまい、自分の考えに固執してしまう子供も出てくるかもしれません。ここで大切なのは一番を決めることではなく、様々な考えを比較・検討しながら考えを深めていくことです。「一番を決めることが目的ではなく、様々な考えにふれながら考えていくことが大切だよ」と子供に伝えることで、この発問の価値はより高まります。

事例　一番を問う発問

海の命（小学6年）

子供たちは、初発の感想で「なぜ、太一は瀬の主をうたなかったのか」を疑問に思い、追究したいと考えました。「海の命」は中心人物である太一が、様々な登場人物から影響を受けています。そこで、人物の相互関係を観点として、一番を問う発問を構想しました。

T　太一は、瀬の主をうちたかったんですよね。でも、うたなかった。なぜでしょう。

C　海の命だから。

C　瀬の主をおとうと思ったから。

T　様々な考えが出ていますね。では、**瀬の主をうたないと決めた太一の考えに一番影響を与えたのは誰でしょうか。**

C　与吉じいさじゃないかな。与吉じいさは、「千びきに一ぴきでいいんだ」と言っていたから、命を大切にしていた。だから、弟子の太一も同じように考えたと思う。

C おとうだと思う。おとうも、漁がうまくいかなくても「海のめぐみだから」と考えていたから、与吉じいさと考え方が似ていたと思う。

C 一番ではないかもしれないけど、母の言葉も影響を与えているんじゃないかな。「私はおそろしくて夜もねむれないよ。おまえの心の中が見えるようで」と言っているから。太一が心配で仕方なかったと思う。

C なるほど。母を心配させないように、あえて戦わないことにしたってことか。たくさんの人のことを思い出して、太一はうたないという決断をしたんだな。

右の発話のように一番を問う発問をすることにより、文章全体から根拠となる叙述を探し、様々な考えにふれながら、対話・協働して考えていくことができます。

WATCH

対話を活性化させるためには、同程度の力をもった選択肢があることが望ましいです。この学習場面では、なかなか「母」の存在には目が向かないかもしれません。そんな場合は、「母は全く影響を与えていないかな」と、投げかけてみてください。

（渡邉裕矢）

対話・協働を促す授業技術

6 「複合拡大教材文」の活用

POINT 1

読みを深めるポイントを押さえて副教材を選定する

主教材の読みを深めるためには、教材を複数使って読み比べることが有効です。複数の教材を比較・関連させながら読むことにより、それらの共通点や相違点を基にしながら、新たな考えを生み出すことにつながります。それら教材間のつながりを可視化しながら考えるためのツールが「複合拡大教材文」です。

このとき、主教材に対してどのような副教材を提示するのかが重要になります。複数教材を扱う場合は、「同作者の作品」や「同じテーマの作品」などを選定することが多いでしょう。このとき、教材同士をどのように関連させ、子供の読みを深めさせるのかを教材研究の段階で明確にしておきます。このように、読みを深めるポイントを押さえながら教材を選定することで、新たに考える視点が生まれ、対話・協働をしていく子供の姿が期待できます。

POINT 2 活動するために十分なスペースや道具の確保

子供たちが自分の考えを「複合拡大教材文」に書き表し、対話・協働していくためには、活動するために十分なスペースや道具の確保が必要不可欠です。例えば、オープンスペースや机のない教室で授業を行ったり、一人に一本のペンを準備したりするなどの工夫が大切になります。用紙の大きさも、長尺サイズのようになるべく大きなものを準備するとよいです。このように、活動に十分な場所や道具を与えられることにより、子供たちの対話・協働の姿はより活性化します。

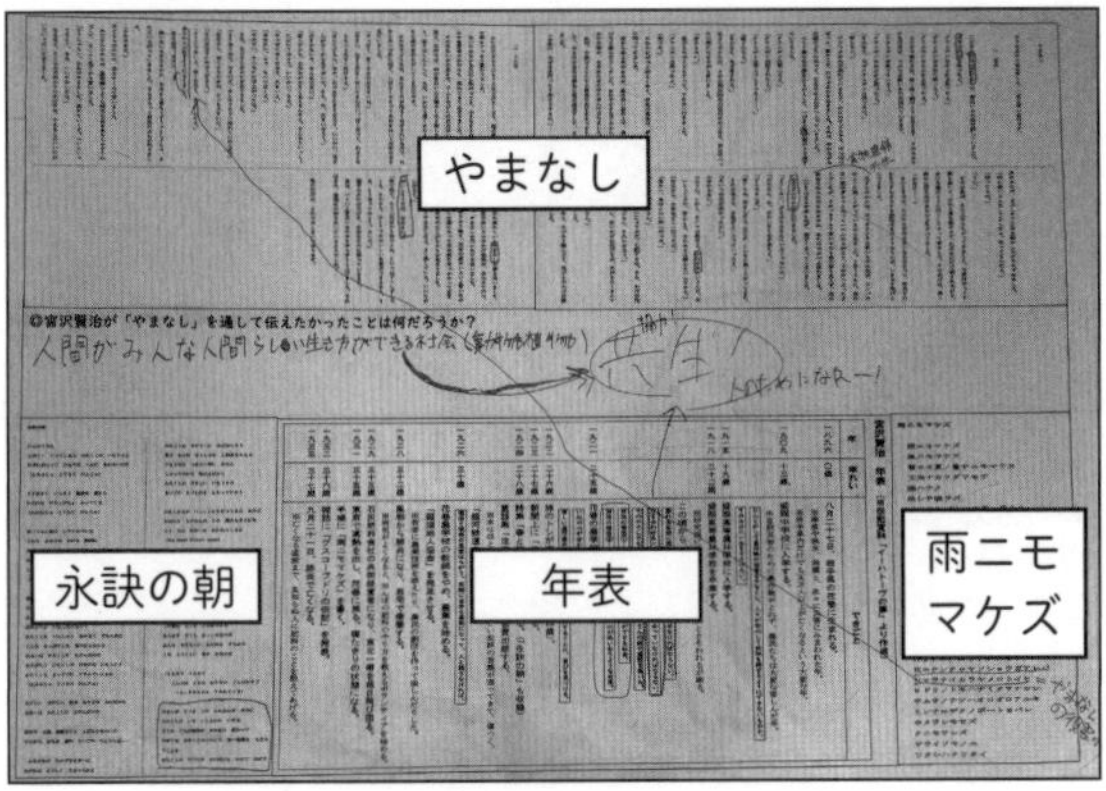

次項の事例で使用した拡大教材文

事例 「複合拡大教材文」の活用

やまなし（小学6年）

初発の感想では「伝えたいことがよく分からない」と感じる子供が多くいるでしょう。そこで、「まずは作者のことを知ろう」と提案し、「イーハトーヴの夢」「雨ニモマケズ」「永訣の朝」「宮沢賢治の年表」という四つの副教材を読みます。その後、「作者はやまなしで何を伝えたかったのか」を複合拡大教材文を活用しながら考えました。

C 「雨ニモマケズ」には、「北ニケンカヤソショウガアレバ～」という文があるけどこれってやまなしの役割に似てない？

C 分かる。やまなしも、かにの親子のえさになったよ。自分の身を犠牲にする感じ。

C 「永訣の朝」にも、最後の部分に「わたくしのすべてのさいはひをかけてねがう」っていう文があったね。宮沢賢治は、自分のことよりも人のことを考えていた。

C 「イーハトーヴの夢」には、「人間がみんな人間らしい生き方ができる社会」と

「人間も動物も植物も、互いに心が通い合うような世界」が賢治の理想だと書かれてあったよ。

C　泣きそうになったかにの弟のところに落ちていったやまなしの場面は、動物と植物の心が通い合った場面じゃない？

C　そうかもしれない。人間は出てこないけど、人間にも同じような考えをもってほしいっていうことなんだと思う。

C　そうだね。人間も動物も植物も共生することが大切だ！

このように、複合拡大教材文を活用し、複数作品を関連させながら対話・協働していくことにより、作者が伝えたい思いを読み深めていくことができます。

WATCH

グループによっては、活動が停滞してしまうこともあるかもしれません。そんなときは、他のグループの活動の様子を見に行くように促したり、よい対話・協働をしているグループを取り上げて紹介したりしながら支援していきます。

（渡邉裕矢）

おわりに

私の勤務する新潟大学附属新潟小学校には、毎年たくさんの学生さんが教育実習に来られます。授業を考えたり実践したりするにあたって、多くの学生さんから聞こえてくるのは、「国語は難しい」という声です。「何を教えればいいかが分かりにくい」「どうやってまとめていけばいいのか」「いろいろな意見が出てきすぎる」など、理由は様々です。

学生さんたちの声を聞いて、私が話すのは、「だから国語はおもしろい」ということです。**何を大切に授業するか、授業者と子供たちの個性が表れてくるのが国語の授業のよさ**だと思っています。

そんな思いを大切に、日頃から国語授業について学び合う仲間たちと書き上げたのが、本書です。

「教材に没入させる」　「自己決定を促す」

「学びを連続させる」　「子供の思いを引き出す」
「子供の問いで展開する」　「全員参加を実現する」
「学ぶ必然性を生む」　「対話・協働を促す」

これらの章題は、それぞれの執筆者が、国語授業づくりで最も大切にしていることを表しています。お読みになった先生方が、最も共感し、最も「取り入れたい」と感じたのは、どの章でしたか。お会いすることがあれば、ぜひ教えてください。そして、国語授業づくりについて語り合い、学び合いましょう。

最後に、本書をまとめるにあたっては、明治図書の大江文武様に大変なご尽力をいただきました。ありがとうございました。そして、本書を執筆してくれた国語授業〝熱〟の会・新潟支部の仲間たちに感謝を申し上げます。

2024年7月

中野　裕己

【執筆者一覧】（執筆順・所属は執筆時）

中野裕己　新潟大学附属新潟小学校
太田諒平　新潟県五泉市立大蒲原小学校
坪井一将　新潟県新潟市立鎧郷小学校
平野俊郎　新潟県新潟市立新津第一小学校
伊藤陽子　新潟県新潟市立新通小学校
飴田結花　新潟県新潟市立丸山小学校
大島貴浩　国立磐梯青少年交流の家
久住翔子　新潟大学附属長岡小学校
渡邉裕矢　新潟大学附属新潟小学校

【編著者紹介】
中野　裕己（なかの　ゆうき）
新潟大学附属新潟小学校教諭。1986年新潟県生まれ。新潟市公立小学校教諭を経て，現職。「授業は，子供と教材の相互作用」を合言葉に，子供の学びを支える授業づくりを大切にしている。新しい国語実践研究会会長。全国国語授業研究会監事。Google Educator Group Niigata City リーダー。授業改善コミュニティ「授業てらす」プロ講師。教員サークル「国語授業“熱”の会」代表。
［著書］
『教科の学びを進化させる　小学校国語授業アップデート』（2021年），『子供が学びを創り出す　対話型国語授業のつくりかた』（2022年），『授業はタイミングが９割』（2024年，いずれも明治図書出版）ほか

【著者紹介】
国語授業“熱”の会・新潟支部
（こくごじゅぎょうねつのかいにいがたしぶ）

タイプ診断で見つける
小学校国語　授業技術大事典

2024年９月初版第１刷刊　©編著者　中　野　裕　己
著　者　国語授業“熱”の会・新潟支部
発行者　藤　原　光　政
発行所　明治図書出版株式会社
http://www.meijitosho.co.jp
（企画）大江文武（校正）奥野仁美
〒114-0023　東京都北区滝野川7-46-1
振替00160-5-151318　電話03(5907)6701
ご注文窓口　電話03(5907)6668
＊検印省略　組版所　株式会社木元省美堂

Printed in Japan　ISBN978-4-18-344825-5

5つの方略で「学び」に向かう対話が起こる！

子供が学びを創り出す
対話型国語授業
のつくりかた

中野 裕己 著

子供たちがそれぞれの知識や経験に根差した考えを交わし合い、確かな「国語の学び」に向かっていく「対話」が授業の中で行われるためには、どのような手だてが必要なのか。対話の土台となる学級づくりから、単元づくり・授業づくりのポイント、実践事例まで丁寧に解説。

A5判 ／160 ページ／1,980 円（10% 税込）／図書番号 4319

教師の「出どころ」はどこにある？

授業はタイミングが９割

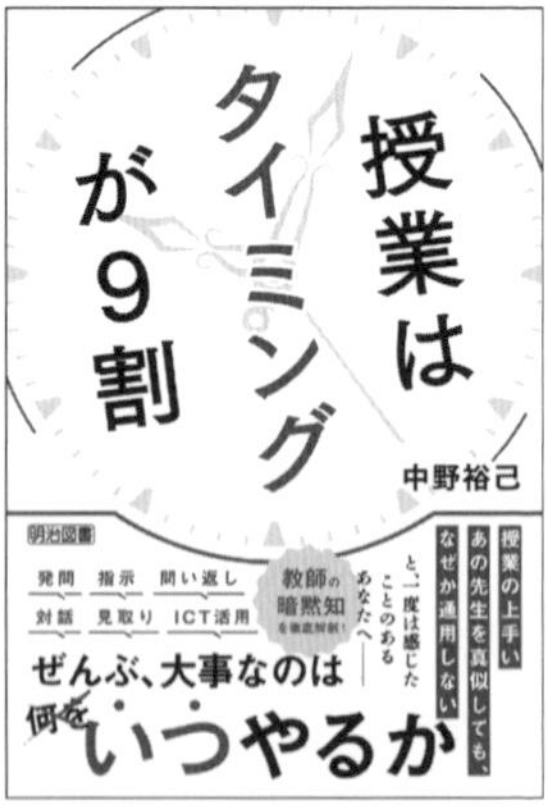

中野 裕己 著

同じ方法で授業をしているのに、自分の教室ではうまくいかない—その原因は「タイミング」にあり！？　教師が出ていく場面、子どもを待つ場面を適切に見極め、学びを創り出していくための技術を、豊富な事例とともに分析。「教師の暗黙知」を徹底的に言語化した１冊！

四六判 ／192 ページ／2,090 円（10% 税込）／図書番号 3640